Johannes Brahms
15 Selected Song

High Voice

edited by Richard Walters

Martha Gerhart, translations and International Phonetic Alphabet
Irene Spiegelman, diction coach
Laura Ward, pianist

Editions of some of the songs in this collection, including historical notes and translations, were previously published in the following Hal Leonard Vocal Library titles:

Standard Vocal Literature
Edited by Richard Walters

The Lieder Anthology
Edited by Virginia Saya and Richard Walters

Favorite German Art Songs, Volume 2

Johannes Brahms: 75 Songs
Edited by Richard Walters, Laura Ward and Elaine Schmidt

To access companion recorded accompaniments
and diction lessons online, visit:
www.halleonard.com/mylibrary

Enter Code
3724-4991-4072-3479

Cover painting: Johann Georg Valentin Ruths, *Der Morgen*, 1875

ISBN 978-1-4234-4663-7

HAL•LEONARD® CORPORATION

7777 W. BLEUMOUND RD. P.O. BOX 13819 MILWAUKEE, WI 53213

In Australia Contact:
Hal Leonard Australia Pty. Ltd
4 Lentara Court
Cheltenham, Victoria, 3192 Australia
Email: ausadmin@halleonard.com.au

Visit Hal Leonard Online at
www.halleonard.com

Contents

Johannes Brahms

The great German composer Johannes Brahms, master of all genres of concert and recital literature, composed 196 songs for solo voice and piano, with an additional 10 songs adapted for the medium. His lieder span his entire compositional career, from about the age of 18 until his last songs of 1896, though there are years of inactivity. Additionally, Brahms made settings for voice and piano of over 200 German folksongs, most of which were unpublished in his lifetime.

Though Brahms' mentor, Robert Schumann, was himself a master lieder composer, Schubert was Brahms' closest aesthetic predecessor. Both approached composition not as a musico-poetic aesthetic, where poetry is intimately expressed in great detail in music (as was the case with Schumann or Wolf), but more as a compositional reaction to the general emotional mood and content of the poem. Brahms valued music above poetry, and melody over clearly declaimed text. The piano plays an equal but independent role in many of his songs. The musical form of each individual piece had to be perfectly satisfying to him, even if it meant altering the words in some way to suit his design. This way of working made the more dramatic, narrative form of the song cycle (not to mention opera) foreign to his creative temperament.

Brahms' advice to an aspiring song composer was to "make sure that together with your melody you compose a strong, independent bass line." Indeed, an account of Brahms reviewing a young lieder composer's work has him covering all but the vocal line and the bass line with his hands, saying that he could judge the quality of any song in this manner. Observers noted how prominently Brahms played bass lines of his songs in accompanying singers, reflecting his natural love of counterpoint as a compositional value.

A higher percentage of Brahms' songs were written for a male singer than a female. Brahms went on recital tours as accompanist with his good friend Julius Stockhausen, and wrote many of his greatest songs for this singer. But it is clear that Brahms certainly loved the female voice, since he fell in love with at least four women singers. Many of his songs are on the subject of love. At different times in his life Brahms expressed in his songs the unrequited emotions of his complex relationships with Agathe von Siebold, Elizabeth von Herzogenberg, Rosa Girzick, Hermine Spies, and especially Clara Schumann. On the other hand, most of lyric poetry is about love, so a song composer's work is usually preoccupied with this topic. Nature figures strongly in Brahms' songs. Most characteristic is the nostalgic melancholy and loneliness that seems to permeate so much of his work, especially after his father's death in 1872.

Approximately a quarter of Brahms songs are in simple strophic form. Another quarter are through-composed. Most of the rest are in the form he perfected, something one can term as the varied strophic. Subsequent verses may contain variations in any number of ways to accommodate the subject and character of the progressing poem. "Wie Melodien zieht es mir" and "Vergebliches Ständchen" are examples of varied strophic songs. Sometimes a middle verse will be composed to new music, and the final verse will be a variation on the first, resulting in an ABA form that is still related to the varied strophic, as in the Kugler song "Ständchen."

The compositional dates for Brahms' songs are oftentimes difficult to pin down, for he habitually started something that was not completed in final form for several years. Of song composition he instructed, "Let it rest, let it rest, and keep going back to it until it is completed as a finished work of art, until there is not a note too many or too few, not a bar you can improve on."

Richard Walters
editor

About the Artists

Martha Gerhart relocated to Dallas, Texas in 1997, following a prestigious career as a coach/pianist based in New York City, to teach at Southern Methodist University. At S.M.U. she coaches and teaches Diction for Singers. In demand from both students and professionals in the Dallas-Fort Worth area at her private coaching studio in Dallas, she has been on the music staffs of companies including the New York City Opera, the San Francisco Opera, Spoleto Festival Opera, and The Dallas Opera. She has also presented master classes at venues including the Pittsburgh Opera Studio, Glimmerglass Opera, OperaWorks (Los Angeles), and the Texoma Regional NATS Convention. In addition to her translating and IPA transliterating contributions to G. Schirmer's *Opera Anthology* series and other publications, she is the author of *Italian song texts from the 17th through the 20th centuries*, in three volumes, published by Leyerle Publications.

Born in Germany, raised and educated in West Berlin, **Irene Spiegelman** earned undergraduate and graduate degrees in English literature, drama, and pedagogy. She moved to the US in 1975 and later earned a Ph.D. from New York University specializing in 19th century German literature.

Spiegelman is the German coach at the Metropolitan Opera, a position she has held since 1977. She also teaches and coaches German for the Met's Lindemann Young Artist Development Program. She edited the German titles for the new multi-lingual Met Titles, which were introduced in the 2006–07 season.

Specializing in interpretation, diction, and spoken dialogues, she is a private coach for many renowned opera singers. Spiegelman has also coached for the New York Philharmonic and Wolf Trap Opera. She assisted in opera recordings for Sony Classical, Decca, and Deutsche Grammophon. Since 2004, she has been invited to the Marlboro Summer Music Festival to work on the lieder repertoire of promising young singers.

Laura Ward has been a vocal coach and collaborative pianist at the Washington Opera, the Academy of Vocal Arts, the Ravinia Festival, the Music Academy of the West, the Blossom Festival, the University of Maryland, and Temple University. Laura has been the official pianist for the Washington International Vocal competition and the Marian Anderson Award. She has performed at several international music festivals such as the Spoleto Festival in Spoleto, Italy, and the Colmar International Music Festival and Saint Denis Festival in France. A native of Texas, Laura received her Bachelor of Music degree from Baylor University, Master of Music degree in Piano Accompanying at the Cincinnati College-Conservatory of Music, and a Doctor of Musical Arts in Piano Accompanying from the University of Michigan with Martin Katz. There she was pianist for the Contemporary Directions Ensemble and she performed with the Ann Arbor Symphony. She is co-editor of *Richard Strauss: 40 Songs, Gabriel Fauré: 50 Songs*, and *Johannes Brahms: 75 Songs*, all Hal Leonard publications in *The Vocal Library* series. She is co-founder and pianist for Lyric Fest, a dynamic and innovative recital series in Philadelphia. Laura has recorded more accompaniments than any other pianist, with well over two thousand tracks to her credit. Her recordings include twenty volumes in *The First Book of Solos* series (G. Schirmer), eight volumes of *Easy Songs for Beginning Singers* (G. Schirmer), *28 Italian Songs and Arias of the Seventeenth and Eighteenth Centuries, The First Book of Broadway Solos* series (four volumes, Hal Leonard), five volumes of *Standard Vocal Literature* (Hal Leonard, *The Vocal Library*), over twenty other volumes in *The Vocal Library, The New Imperial Edition* (six volumes, Boosey & Hawkes), and various other collections.

About the Recordings

Veteran diction coach Irene Spiegelman is a native German speaker whose specialty is working with classical singers, particularly at the Metropolitan Opera. This book/audio package allows a student access to German diction coaching at the highest level.

There are two recordings of each song text. First, the coach recites the poem. A singer can hear the mood of the text and the flow of the language. It is important to remember that this poem is what inspired the composer to write an art song setting. Spoken diction is used in the recitation, including the guttural "R" sound in German. However, even in the recitation the coach is aware of how the words were set to music.

Next, the coach has recorded the text line-by-line, without expression, leaving time for the repetition of each phrase. In this slow version the guttural "R" sound has been adapted to the flipped "R" recommended for classical singers. Other small adjustments have been made relevant to the manner in which the words are set to music.

To achieve the best artistic results, it is crucial that the singer spends time with the poem apart from singing it, not only mastering diction to the point of fluency, but also in contemplating the words and learning to express their meanings. Is there an implied character speaking the poem? Only after a singer has pondered the words can she or he appreciate and discern how the composer interpreted the poetry, which is the heart of what art song is.

We make every effort to record a high quality, artistically satisfying accompaniment. Pianist Laura Ward has a deep understanding of the repertory and is extremely experienced in working with singers, from students to professionals. The nature of recording forces one to make one choice in interpretation and tempo. The phrasing implied in any of these piano accompaniment recordings and the recorded tempo should be considered by the singer. However, there is certainly not one way to interpret any art song. We are fully aware that there are other choices beyond those recorded. Ultimately, a singer should use the accompaniment recordings as a learning tool, for practice only, before moving on to working with a pianist, at which time adjustments in tempo and other nuances can and should be explored.

Richard Walters
editor

TABLE
of the International Phonetic Alphabet (IPA) symbols
for the pronunciation of German in singing
used in this Diction Guide

The Vowels

symbol	equivalent in English	description
[ɑː]	as in "f<u>a</u>ther"	long (or "dark") "a"
[a]	similar to the first element in "<u>i</u>ce"	short (or "bright") "a"
[eː]	no equivalent; similar to the first element in "g<u>a</u>te"	long and closed "e" : [iː] in the [ɛ] position
[e]	as in "g<u>a</u>te," but	short and closed "e" when in *articles*
[ɛ]	as in "b<u>e</u>t"	short and open "e"
[ɛː]	as in the first element of "m<u>ay</u>"	long sound of "ä"
[ə]	approximately as in "<u>a</u>pprove"	neutral sound (the "schwa"): slightly darker than [ɛ]; appears only in unstressed syllables
[ʁ]	no equivalent	a variant of [ə], in place of the flipped "r"; to be used judiciously at the end of words such as "der," "mir," and etc., depending on the musical setting*
[iː]	as in "f<u>ee</u>t"	long and closed "i"
[i]	as in "f<u>ee</u>t," but	short and closed when in *articles*
[ɪ]	as in "b<u>i</u>t"	short and open "i"
[oː]	no equivalent; approximately as in "b<u>oa</u>t	long and closed "o"
[o]	as in "b<u>oa</u>t," but	short and closed in some words
[ɔ]	as in "<u>ou</u>ght"	short and open "o"
[uː]	as in "bl<u>ue</u>"	long and closed "u"
[ʊ]	as in "p<u>u</u>t"	short and open "u"
[u]	as in "bl<u>ue</u>," but	short and closed in some words
[yː]	no equivalent	"y" or "ü" : long and closed; [iː] with the lips rounded
[ʏ]	no equivalent	"y" : short and open; [ɪ] with the lips rounded
[øː]	no equivalent	"ö" : long and closed; [eː] with the lips rounded
[œ]	as in "g<u>ir</u>l" without the "rl"	"ö" : short and open; [ɛ] with the lips rounded

*While recommended use is reflected in these transliterations, the singer is always "correct" to use the flipped "r."

The Diphthongs

[ɑo]	similar to "h<u>ou</u>se" in English	
[ae]	similar to "m<u>i</u>ne" in English	
[ɔø]	similar to "h<u>oi</u>st" in English	

Diphthongs are transliterated with a slur over them (example: a͡o)

The Consonants

[b]	<u>b</u>ad	becomes unvoiced [p] at the end of a word or word element
[d]	<u>d</u>oor	becomes unvoiced [t] at the end of a word or word element
[f]	<u>f</u>ine	also the sound of "v" in some words
[g]	<u>g</u>o	becomes unvoiced [k] at the end of a word or word element
[ʒ]	vi<u>si</u>on	also the sound of initial "j" in words of French origin
[h]	<u>h</u>and	pronounced at the beginning of a word or word element
[j]	<u>y</u>es	except when pronounced [ʒ] (see above)
[k]	<u>k</u>ite	also the sound of "g" at the end of a word or word element
[l]	<u>l</u>it	
[m]	<u>m</u>ine	
[n]	<u>n</u>o	
[ŋ]	si<u>ng</u>	
[p]	<u>p</u>ass	see also [b], above
[r]	no equivalent	flipped (or occasionally rolled, for dramatic reasons) "r" *
[s]	<u>s</u>ing	before a consonant (except for the initial combinations "sp" and "st") and at the end of a word or word element; also the sound of "ß," called the "Eszett," recently declared antiquated in German spelling.
[ʃ]	<u>sh</u>oe	in the single element "sch"; also in the combination [tʃ], pronounced as in <u>ch</u>eese
[t]	<u>t</u>ip	see also [d], above
[v]	<u>v</u>ase, or <u>f</u>eel	depending on various word origins
[w]	<u>v</u>et	
[z]	bi<u>ts</u>	but pronounced as [z] when before a vowel and in some other circumstances; also, the sound of "s" in many words
[ç]	no equivalent	the "ich laut": following a "front vowel" or a consonant
[χ]	no equivalent	the "ach laut": following a "back vowel"

*The "uvular 'r'" used in German conversation and popular song is not appropriate in classical art song and opera.

Diacritical Marks

[ː]	following a vowel =	that vowel is long
[']	preceding a syllable =	the following syllable has the primary stress
[ˌ]	preceding a syllable =	the following syllable has the secondary stress

The transliterations provided in this Guide do not include diacritical markings to indicate a recommended "glottal stroke" – a new "attack" of articulation on the following vowel – which are provided in some sources by the symbol [ǀ].

(example with the diacritical marking: ganz allein = [gants ǀa 'la͡en])

Many instances of the need for a "glottal stroke" will be obvious to the singer, guided by coaches and teachers; other instances are variable, and the practice should not be overdone.

As an additional aid for the user, syllables are separated by spaces in the IPA transliterations.

– Martha Gerhart

Botschaft

'boːt ʃaft
Botschaft
Message

've: ə	'lʏft çən	lɪnt	ʊnt	'liːp lɪç
Wehe,	**Lüftchen,**	**lind**	**und**	**lieblich**
blow	little breeze	mild	and	sweet

ʊm	di:	'va ŋə	deːʁ	gə 'liːp tən
um	**die**	**Wange**	**der**	**Geliebten,**
around	the	cheeks	of the	beloved one

'ʃpi: lə	tsart	ɪn	'i rəʁ	'lɔ kə
spiele	**zart**	**in**	**ihrer**	**Locke,**
play	tenderly	in	her	curls

'ae lə	nɪçt	hɪn 'vɛk	tsu	fliːn
eile	**nicht**	**hinweg**	**zu**	**fliehn!**
hurry	not	away	to	[to] fly

tuːt	zi:	dan	fi: 'laeçt	di:	'fra: gə
Tut	**sie**	**dann**	**vielleicht**	**die**	**Frage,**
puts	she	then	perhaps	the	question

vi:	ɛs	ʊm	mɪç	'ar mən	'ʃte: ə
wie	**es**	**um**	**mich**	**Armen**	**stehe,**
how	it	around	me	poor one	is

ʃprɪç	ʊn 'ɛnt lɪç	vaːʁ	zaen	've: ə
sprich:	**"Unendlich**	**war**	**sein**	**Wehe,**
say	endless	was	his	misery

høːçst	bə 'dɛŋk lɪç	'zae nə	'la: gə
höchst	**bedenklich**	**seine**	**Lage;**
most	serious	his	condition

'a bəʁ	'jɛ tso	kan	eːʁ	'hɔ fən
aber	**jetzo**	**kann**	**er**	**hoffen,**
but	now	can	he	hope

'vi: dəʁ	'hɛr lɪç	'aof tsu: ˌle: bən
wieder	**herrlich**	**aufzuleben,**
again	gloriously	to revive

dɛn	du:	'hɔl də	dɛŋkst	an	iːn
denn	**du,**	**Holde,**	**denkst**	**an**	**ihn."**
for	you	lovely one	think	of	him

Dein blaues Auge

da͜en	ˈbla͜o əs	ˈa͜o gə	hɛlt	zo:	ʃtɪl
Dein	**blaues**	**Auge**	**hält**	**so**	**still,**
your	blue	eye	holds	so	still

ɪç	ˈblɪ kə	bɪs	tsʊm	grʊnt
ich	**blicke**	**bis**	**zum**	**Grund.**
I	look	as far as	to the	ground

du	frɑ:kst	mɪç	vas	ɪç	ˈze: ən	vɪl
Du	**fragst**	**mich,**	**was**	**ich**	**sehen**	**will?**
you	ask	me	what	I	to see	want

ɪç	ˈze: ə	mɪç	gə ˈzʊnt
Ich	**sehe**	**mich**	**gesund.**
I	see	myself	healthy

ɛs	ˈbran tə	mɪç	a͜en	ˈgly: ənt	pɑ:r
Es	**brannte**	**mich**	**ein**	**glühend**	**Paar,**
it	burned	me	a	glowing	pair

nɔχ	ʃmɛrtst	das	ˈnɑ:χ gə ˌfy:l
noch	**schmerzt**	**das**	**Nachgefühl:**
still	hurts	the	after-feeling

das	ˈda͜e nə	ɪst	vi:	ze:	zo:	klɑ:r
das	**deine**	**ist**	**wie**	**See**	**so**	**klar**
the	yours	is	like	lake	so	clear

ʊnt	vi:	a͜en	ze:	zo:	ky:l
und	**wie**	**ein**	**See**	**so**	**kühl.**
and	like	a	lake	so	cool

Die Mainacht

di   'mae naχt
Die   **Mainacht**
the   May night

van   deːʁ   'zil bər nə   moːnt   dʊrç   diː   gə 'ʃtrɔø çə   blɪŋkt
Wann   **der**   **silberne**   **Mond**   **durch**   **die**   **Gesträuche**   **blinkt**
when   the   silvery   moon   through   the   shrubbery   gleams

ʊnt   zaen   'ʃlʊ mərn dəs   lɪçt   'yː bəʁ   den   'ra: zən   ʃtrɔøt
und   **sein**   **schlummerndes**   **Licht**   **über**   **den**   **Rasen**   **streut,**
and   its   slumbering   light   over   the   lawn   scatters

ʊnt   diː   'naχ tɪ gal   'flø tət
und   **die**   **Nachtigall**   **flötet,**
and   the   nightingale   plays the flute [*poet.*: warbles]

van dlɪç   'trao rɪç   fɔn   bʊʃ   tsu   bʊʃ
wandl' ich   **traurig**   **von**   **Busch**   **zu**   **Busch.**
roam   I   sad   from   bush   to   bush

'yː bəʁ ˌhʏ lət   fɔm   laop   'gɪ rət   aen   'tao bən ˌpaːr
Überhüllet   **vom**   **Laub**   **girret**   **ein**   **Taubenpaar**
enveloped   by the   foliage   coos   a   pair of doves

zaen   ɛnt 'tsʏ kən   miːʁ   foːʁ   'a: bəʁ   ɪç   'vɛn də mɪç
sein   **Entzücken**   **mir**   **vor;**   **aber**   **ich**   **wende mich,**
its   delight   to me   in front of   but   I   turn myself away

'zu: χə   'dʊŋ klə rə   'ʃa tən
suche   **dunklere**   **Schatten,**
I seek   darker   shadows

ʊnt   diː   'aen za: mə   'trɛ: nə   rɪnt
und   **die**   **einsame**   **Träne**   **rinnt.**
and   the   lonely   tear   flows

van   oː   'lɛ çəln dəs   bɪlt   'vɛl çəs   viː   'mɔr gən ˌroːt
Wann,   **o**   **lächelndes**   **Bild,**   **welches**   **wie**   **Morgenrot**
when   o   smiling   image   which   like   sunrise

dʊrç   diː   'ze: lə   miːʁ   ʃtraːlt   fɪn dɪç   aof   'eːr dən   dɪç
durch   **die**   **Seele**   **mir**   **strahlt,**   **find ich**   **auf**   **Erden**   **dich?**
through   the   soul   to me   shines   find I   on   earth   you

ʊnt   diː   'aen za: mə   'trɛ: nə
und   **die**   **einsame**   **Träne**
and   the   lonely   tear

beːpt   miːʁ   'hae səʁ   diː   vaŋ   hɛ 'rap
bebt   **mir**   **heißer**   **die**   **Wang**   **herab.**
trembles   to me   hotter   the   cheek   downward

12

Feldeinsamkeit

'fɛlt ˌaen zaːm ka͡et
Feldeinsamkeit
field solitude

ɪç   'ruː ə   ʃtɪl   ɪm   'hoː ən   'gryː nən   graːs
Ich   **ruhe**   **still**   **im**   **hohen**   **grünen**   **Gras**
I   rest   quietly   in the   high   green   grass

ʊnt   'zɛn də   'la ŋə   'ma͡e nən   blɪk   naːχ   'oː bən
und   **sende**   **lange**   **meinen**   **Blick**   **nach**   **oben,**
and   [I] send   long   my   gaze   toward   above

fɔn   'grɪ lən   rɪŋs   ʊm 'ʃvɪrt   oːn   'ʊn təʁ las
von   **Grillen**   **rings**   **umschwirrt**   **ohn**   **Unterlass,**
by   crickets   everywhere around whirled without   cease

vɔn   'hɪ məls ˌblo͡ø ə   'vʊn dəʁ zaːm   ʊm 'voː bən
von   **Himmelsbläue**   **wundersam**   **umwoben.**
by   heaven's blue   wondrously   floated around

diː   'ʃøː nən   'va͡e sən   'vɔl kən   tsiːn   da 'hɪn
Die   **schönen**   **weißen**   **Wolken**   **ziehn**   **dahin**
the   beautiful   white   clouds   drift   onwards

dʊrçs   'tiː fə   bla͡o   viː   'ʃøː nə   'stɪ lə   'tro͡ø mə
durchs   **tiefe**   **Blau,**   **wie**   **schöne**   **stille**   **Träume;**
through the   deep   blue   like   beautiful   quiet   dreams

miːʁ   ɪst   als   ɔp   ɪç   lɛŋst   gə 'ʃtɔr bən   bɪn
mir   **ist,**   **als**   **ob**   **ich**   **längst**   **gestorben**   **bin**
to me   [it] is   as   if   I   long since   dead   am

ʊnt   'tsiː ə   'ze lɪç   mɪt   dʊrç   'ev gə   'rɔ͡ø mə
und   **ziehe**   **selig**   **mit**   **durch**   **ewge**   **Räume.**
and   [I] drift   blissfully with   through   eternal   spaces

Immer leiser wird mein Schlummer

'ɪ məʁ 'laͤe zəʁ vɪrt maͤen 'ʃlʊ məʁ
Immer leiser wird mein Schlummer,
ever gentler becomes my slumber

nuːʁ wiː 'ʃlaͤe əʁ liːkt maͤen 'kʊ məʁ
nur wie Schleier liegt mein Kummer,
only like veil lies my grief

'tsɪ tərnt 'yː bəʁ miːʁ
zitternd über mir.
trembling above me

ɔft ɪm 'traͦo mə høːr ɪç dɪç
Oft im Traume hör ich dich
often in the dream hear I you

'ruː fən draͦos foːʁ 'maͤe nər tyːʁ
rufen draus vor meiner Tür,
to call thence in front of my door

'niː mant vaχt ʊnt 'œf nət diːʁ
niemand wacht und öffnet dir,
no one wakes and opens for you

ɪç ɛʁ 'vaχ ʊnt 'vaͤe nə 'bɪ təʁ lɪç
ich erwach und weine bitterlich.
I awake and I weep bitterly

jɑː ɪç 'veːr də 'ʃtɛr bən 'mʏ sən
Ja, ich werde sterben müssen,
yes I I shall to die have (to)

'aͤe nə 'an drə vɪrst duː 'kʏ sən
eine andre wirst du küssen,
an other (woman) will you kiss

vɛn ɪç blaͤeç ʊnt kalt
wenn ich bleich und kalt.
when I (am) pale and cold

eː diː 'maͤe ən ˌlʏf tə veːn
Eh die Maienlüfte wehn,
before the May breezes blow

eː diː 'drɔ səl ziŋkt ɪm valt
eh die Drossel singt im Wald:
before the thrush sings in the forest

vɪlst duː mɪç nɔχ 'aͤen mɑːl zeːn
willst du mich noch einmal sehn,
want you me still one time to see

kɔm oː 'kɔ mə balt
Komm, o komme bald!
come o come soon

Meine Liebe ist grün

ˈmae̯ nə	ˈliː bə	ɪst	gryːn	viː	deːʁ	ˈfliː dəʁ ˌbʊʃ
Meine	**Liebe**	**ist**	**grün**	**wie**	**der**	**Fliederbusch,**
my	love	is	green	like	the	lilac bush

ʊnt	mae̯n	liːp	ɪst	ʃøːn	viː	diː	ˈzɔ nə
und	**mein**	**Lieb**	**ist**	**schön**	**wie**	**die**	**Sonne;**
and	my	love	is	beautiful	like	the	sun

diː	glɛntst	voːl	hɛ ˈrap	ao̯f	den	ˈfliː dəʁ ˌbʊʃ
die	**glänzt**	**wohl**	**herab**	**auf**	**den**	**Fliederbusch**
it	shines	indeed	downwards	upon	the	lilac bush

ʊnt	fʏlt	iːn	mɪt	dʊft	ʊnt	mɪt	ˈvɔ nə
und	**füllt**	**ihn**	**mit**	**Duft**	**und**	**mit**	**Wonne.**
and	fills	it	with	fragrance	and	with	rapture

ˈmae̯ nə	ˈzeː lə	hat	ˈʃvɪ ŋən	deːʁ	ˈnaχ tɪ gal
Meine	**Seele**	**hat**	**Schwingen**	**der**	**Nachtigall**
my	soul	has	wings	of the	nightingale

ʊnt	viːkt	zɪç	ɪn	ˈblyː ən dəm	ˈfliː dəʁ
und	**wiegt**	**sich**	**in**	**blühendem**	**Flieder,**
and	rocks	itself	in	blossoming	lilac

ʊnt	ˈjao̯χ tsət	ʊnt	ˈzɪ ŋət	fɔm	dʊft	bə ˈrao̯ʃt
und	**jauchzet**	**und**	**singet**	**vom**	**Duft**	**berauscht**
and	exults	and	sings	from the	fragrance	intoxicated

fiːl	ˈliː bəs ˌtrʊŋ kə nə	ˈliː dəʁ
viel	**liebestrunkene**	**Lieder.**
many	drunk with love	songs

Mondnacht

ˈmoːnt naχt
Mondnacht
Moon night

ɛs	vaːʁ	als		hɛt	deːʁ	ˈhɪ məl
Es	**war,**	**als**		**hätt**	**der**	**Himmel**
it	was	as though		had	the	sky

diː	ˈeːʁ də	ʃtɪl	gə ˈkʏst
die	**Erde**	**still**	**geküsst,**
the	earth	quiet	kissed

das		ziː	ɪm	ˈblyː tən ˌʃɪ məʁ
dass		**sie**	**im**	**Blütenschimmer**
[so] that		it	in the	blossom shimmer

fɔn	iːm	nuʁ	ˈtrɔø mən	mʏst
von	**ihm**	**nur**	**träumen**	**müsst.**
of	him	only	to dream	would have

diː	lʊft	gɪŋ	dʊrç	diː	ˈfɛl dəʁ
Die	**Luft**	**ging**	**durch**	**die**	**Felder,**
the	breeze	went	through	the	fields

diː	ˈɛː rən	ˈvoːk tən	zaχt
die	**Ähren**	**wogten**	**sacht,**
the	corn stalks	swayed	gently

ɛs	ˈra͜oʃ tən	la͜es	diː	ˈvɛl dəʁ
es	**rauschten**	**leis**	**die**	**Wälder,**
there	rustled	softly	the	woods

zoː	ˈʃtɛrn klaːʁ	vaːʁ	diː	naχt
so	**sternklar**	**war**	**die**	**Nacht.**
so	star clear	was	the	night

ʊnt	ˈma͜e nə	ˈseː lə	ˈʃpan tə
Und	**meine**	**Seele**	**spannte**
and	my	soul	spread

va͜et	ˈiː rə	ˈflyː gəl	a͜os
weit	**ihre**	**Flügel**	**aus,**
wide	its	wings	out

floːk	dʊrç	diː	ˈʃtɪ lən	ˈrɔø mə
flog	**durch**	**die**	**stillen**	**Räume,**
flew	through	the	silent	spaces

als	ˈfløː gə	ziː	naːχ	ha͜os
als	**flöge**	**sie**	**nach**	**Haus.**
as if	were flying	it	toward	home

O liebliche Wangen

oː	ˈliːp lɪ çə	ˈva ŋən	iːʁ	maχt	miːʁ	fɛʁ ˈla ŋən
O	**liebliche**	**Wangen,**	**ihr**	**macht**	**mir**	**Verlangen,**
o	lovely	cheeks	you	make	in me	desire

diːs	ˈroː tə	diːs	ˈvae sə	tsu	ˈʃao ən	mɪt	ˈflae sə
dies	**rote,**	**dies**	**weiße,**	**zu**	**schauen**	**mit**	**Fleiße.**
this	red	this	white	to	[to] look at	with	diligence

ʊnt	diːs	nuːʁ	a ˈlae nə	ɪsts	nɪçt	vas	ɪç	ˈmae nə
und	**dies**	**nur**	**alleine**	**ists**	**nicht,**	**was**	**ich**	**meine;**
and	this	only	alone	is it	not	what	I	mean

tsu	ˈʃao ən	tsu	ˈgryː sən	tsu	ˈryː rən	tsu	ˈkʏ sən
zu	**schauen,**	**zu**	**grüßen,**	**zu**	**rühren,**	**zu**	**küssen,**
to	[to] look	to	[to] greet	to	[to] touch	to	[to] kiss

iːʁ	maχt	miːʁ	fɛʁ ˈla ŋən	oː	ˈliːp lɪ çə	ˈva ŋən
ihr	**macht**	**mir**	**Verlangen,**	**o**	**liebliche**	**Wangen!**
you	make	in me	desire	o	lovely	cheeks

oː	ˈzɔ nə	deːʁ	ˈvɔ nə	oː	ˈvɔ nə	deːʁ	ˈzɔ nə
O	**Sonne**	**der**	**Wonne!**	**O**	**Wonne**	**der**	**Sonne!**
o	sun	of the	delight	o	delight	of the	sun

oː	ˈao gən	zoː	ˈzao gən	das	lɪçt	ˈmae nəʁ	ˈao gən
O	**Augen,**	**so**	**saugen**	**das**	**Licht**	**meiner**	**Augen.**
o	eyes	so	to absorb	the	light	of my	eyes

oː	ˈɛŋ lɪ ʃə	ˈzɪ nən	oː	ˈhɪm lɪʃ	bə ˈgɪ nən
O	**englische**	**Sinnen!**	**O**	**himmlisch**	**Beginnen!**
o	angelic	thoughts	o	heavenly	beginning

oː	ˈhɪ məl	aof	ˈeːʁ dən	makst	du	miːʁ	nɪçt	ˈveːʁ dən
O	**Himmel**	**auf**	**Erden!**	**magst**	**du**	**mir**	**nicht**	**werden,**
o	heaven	on	earth	may	you	to me	not	become

oː	ˈvɔ nə	deːʁ	ˈzɔ nə	oː	ˈzɔ nə	deːʁ	ˈvɔ nə
O	**Wonne**	**der**	**Sonne,**	**o**	**Sonne**	**der**	**Wonne!**
o	delight	of the	sun	o	sun	of the	delight

oː	ˈʃøːn ste	deːʁ	ˈʃøː nən	bə ˈnɪm	miːʁ	diːs	ˈze: nən
O	**Schönste**	**der**	**Schönen!**	**benimm**	**mir**	**dies**	**Sehnen.**
o	fairest	of the	fair ones	take away	from me	this	longing

kɔm	ˈae lə	kɔm	ˈkɔ mə	du:	ˈzyː sə	du:	ˈfrɔ mə
Komm,	**eile,**	**komm,**	**komme,**	**du**	**süße,**	**du**	**fromme;**
come	hurry	come	come	you	sweet	you	pure one

aχ	ˈʃvɛ stɐr	ɪç	ˈʃtɛr bə	ɪç	ʃtɛrp	ɪç	fɛʁ ˈdɛr bə
ach	**Schwester,**	**ich**	**sterbe,**	**ich**	**sterb,**	**ich**	**verderbe,**
ah	sister	I	[I] die	I	[I] die	I	[I] perish

bə ˈnɪm	miːʁ	diːs	ˈze: nən	oː	ˈʃøːn stə	deːʁ	ˈʃøː nən
benimm	**mir**	**dies**	**Sehnen,**	**o**	**Schönste**	**der**	**Schönen!**
take away	from me	this	longing	o	fairest	of the	fair ones

O wüsst ich doch den Weg zurück

oː	vʏst	ɪç	dɔχ	deːn veːk	tsu ˈrʏk
O	**wüsst**	**ich**	**doch**	**den Weg**	**zurück,**
Oh	if knew	I	only	the way	back

deːn	ˈliː bən	veːk	tsʊm	ˈkɪn dəʁ lant
den	**lieben**	**Weg**	**zum**	**Kinderland!**
to the	dear	way	to the	childhood land

oː	ˈvaː rʊm	zuːχt	ɪç	naːχ deːm	glʏk
O	**warum**	**sucht**	**ich**	**nach dem**	**Glück**
Oh	why	searched	I	after the	fortune

ʊnt	liːs	deːʁ	ˈmʊ təʁ hant
und	**ließ**	**der**	**Mutter Hand?**
and	left	of the	mother hand

oː	viː	mɪç	ˈzeː nət	ˈaos tsu ruːn
O	**wie**	**mich**	**sehnet**	**auszuruhn,**
Oh	how	to me	longs	to rest

fɔn	ˈkae nəm	ˈʃtreː bən	ˈaof gə vɛkt
von	**keinem**	**Streben**	**aufgeweckt,**
by	no	striving	aroused

diː	ˈmyː dən	ˈao gən	ˈtsu tsu tuːn
die	**müden**	**Augen**	**zuzutun,**
the	tired	eyes	[to] to close

fɔn	ˈliː bə	zanft	bə ˈdɛkt
von	**Liebe**	**sanft**	**bedeckt!**
by	love	gently	covered

ʊnt	nɪçts	tsu	ˈfɔr ʃən	nɪçts	tsu	ʃpɛːn
Und	**nichts**	**zu**	**forschen,**	**nichts**	**zu**	**spähn,**
and	nothing	to	[to] seek after	nothing	to	[to] look out for

ʊnt	nuːʁ	tsu	ˈtrɔø mən	laeçt	ʊnt lɪnt
und	**nur**	**zu**	**träumen**	**leicht**	**und lind,**
and	only	to	[to] dream	lightly	and gently

deːʁ	ˈtsae tən	ˈvan dəl	nɪçt	tsu	zeːn
der	**Zeiten**	**Wandel**	**nicht**	**zu**	**sehn,**
of the	seasons	change	not	to	[to] see

tsum	ˈtsvae tən	maːl	aen	kɪnt
zum	**zweiten**	**Mal**	**ein**	**Kind!**
for the	second	time	a	child

oː	ˈtsaekt	miːʁ	dɔχ	deːn veːk	tsu ˈrʏk
O	**zeigt**	**mir**	**doch**	**den Weg**	**zurück,**
oh	show	to me	then	the way	back

deːn	ˈliː bən	veːk	tsʊm	ˈkɪn dəʁ lant
den	**lieben**	**Weg**	**zum**	**Kinderland!**
to the	dear	way	to the	childhood land

fɛʁ ˈgeː bəns	zuːχ	ɪç	naːχ	deːm	glʏk
Vergebens	**such**	**ich**	**nach**	**dem**	**Glück,**
in vain	search	I	after	the	fortune

rɪŋs ˈʊm	ɪst	ˈøː dəʁ	ʃtrant
ringsum	**ist**	**öder**	**Strand!**
all around	is	desolate	shore

Sapphische Ode

'za fɪ ʃə   'oː də
Sapphische Ode
Sapphic   Ode

'roː zən   braːχ   ɪç   naχts   miːʁ   am   'dʊŋ klən   'haː gə
Rosen   **brach**   **ich**   **nachts**   **mir**   **am**   **dunklen**   **Hage;**
roses   picked   I   by night   for me   at the   dark   hedge

'zyː sɐ   'hao̯χ tən   dʊft   ziː   als   jeː   am   'taː gə
süßer   **hauchten**   **Duft**   **sie,**   **als**   **je**   **am**   **Tage,**
sweeter   breathed   fragrance   them   as   even   at the   day

dɔχ   fɛʁ 'ʃtrɔø̯ tən   rae̯ç   diː   bə 'veːk tən   'ɛ stə
doch   **verstreuten**   **reich**   **die**   **bewegten**   **Äste**
yet   scattered   copious   the   stirred   boughs

tao̯   deːʁ   mɪç   'nɛ stə
Tau,   **der**   **mich**   **nässte.**
dew   which   me   wet

ao̯χ   deːʁ   'kʏ sə   dʊft   mɪç   wiː   niː   bə 'rʏk tə
Auch   **der**   **Küsse**   **Duft**   **mich**   **wie**   **nie**   **berückte,**
also   of the   kisses   fragrance   me   as   never   captivated

diː   ɪç   naχts   vɔm   strao̯χ   'dae̯ nɐʁ   'lɪ pən   'pflʏk tə
die   **ich**   **nachts**   **vom**   **Strauch**   **deiner**   **Lippen**   **pflückte:**
which   I   by night   from the   bush   of your   lips   plucked

dɔχ   ao̯χ   diːʁ   bə 'veːkt   ɪm   gə 'myːt   glae̯ç   'jeː nən
doch   **auch**   **dir,**   **bewegt**   **im**   **Gemüt**   **gleich**   **jenen,**
but   also   to you   stirred   in the   soul   like   them

'tao̯ tən   diː   'trɛː nən
tauten   **die**   **Tränen!**
fell as dew   the   tears

Sonntag

'zɔn tɑːk
Sonntag
Sunday

zo:	hɑː bɪç	dɔχ	diː	'gan tsə	'vɔ χə
So	**hab ich**	**doch**	**die**	**ganze**	**Woche**
thus	have I	yet	the	whole	week

mãen	'fae nəs	'liːp çən	nɪçt	gə 'zeːn
mein	**feines**	**Liebchen**	**nicht**	**gesehn,**
my	beautiful	sweetheart	not	seen

ɪç	zɑː	ɛs	an	'ae nəm	'zɔn tɑːk
ich	**sah**	**es**	**an**	**einem**	**Sonntag**
I	saw	her	on	a	Sunday

voːl	foːʁ	deːʁ	'tyː rə	ʃteːn
wohl	**vor**	**der**	**Türe**	**stehn:**
indeed	in front of	the	door	to stand

das	'tao zənt ˌʃøː nə	'juŋ ˌfrɔø laen
das	**tausendschöne**	**Jungfräulein,**
the	thousandfold beautiful	young lady

das	'tao zənt ˌʃøː nə	'hɛr tsə laen
das	**tausendschöne**	**Herzelein,**
the	thousandfold beautiful	dear heart

'vɔl tə	gɔt	ɪç	wɛːr	'hɔø tə	bae	iːʁ
wollte	**Gott,**	**ich**	**wär**	**heute**	**bei**	**ihr!**
would	God	I	were	today	with	her

zo:	vɪl	miːʁ	dɔχ	diː	'gan tsə	'vɔ χə
So	**will**	**mir**	**doch**	**die**	**ganze**	**Woche**
so	will	for me	then	the	whole	week

das	'la χən	nɪçt	fɛʁ 'geːn
das	**Lachen**	**nicht**	**vergehn,**
the	laughter	not	subside

ɪç	zɑː	ɛs	an	'ae nəm	'zɔn tɑːk
ich	**sah**	**es**	**an**	**einem**	**Sonntag**
I	saw	her	on	a	Sunday

voːl	ɪn	diː	'kɪr çə	geːn
wohl	**in**	**die**	**Kirche**	**gehn:**
indeed	into	the	church	to go

das	'tao zənt ˌʃøː nə	'juŋ ˌfrɔø laen
das	**tausendschöne**	**Jungfräulein,**
the	thousandfold beautiful	young lady

das	'tao zənt ˌʃøː nə	'hɛr tsə laen
das	**tausendschöne**	**Herzelein,**
the	thousandfold beautiful	dear heart

'vɔl tə	gɔt	ɪç	wɛːr	'hɔø tə	bae	iːʁ
wollte	**Gott,**	**ich**	**wär**	**heute**	**bei**	**ihr!**
would	God	I	were	today	with	her

Ständchen

ˈʃtɛnt çən
Ständchen
Serenade

de:ʁ	mo:nt	ʃte:t	ˈy: bəʁ	dem	ˈbɛr gə
Der	**Mond**	**steht**	**über**	**dem**	**Berge,**
the	moon	is situated	above	the	mountain

zo:	rɛçt	fy:ʁ	fɛʁ ˈli:p tə	lɔøt
so	**recht**	**für**	**verliebte**	**Leut;**
so	suitable	for	in love	people

ɪm	ˈgar tən	ˈri: zəlt	aen	ˈbrʊ nən
im	**Garten**	**rieselt**	**ein**	**Brunnen,**
in the	garden	ripples	a	fountain

zɔnst	ˈʃtɪ lə	vaet	ʊnt	braet
sonst	**Stille**	**weit**	**und**	**breit.**
otherwise	stillness	far	and	wide

ˈne: bən	de:ʁ	ˈmao ər	ɪm	ˈʃa tən
Neben	**der**	**Mauer**	**im**	**Schatten,**
next to	the	wall	in the	shadow

da:	ʃte:n	de:ʁ	ʃtʊ ˈdɛn tən	drae
da	**stehn**	**der**	**Studenten**	**drei**
there	stand	of the	students	three

mɪt	flø:t	ʊnt	gaek	ʊnt	ˈtsɪ təʁ
mit	**Flöt**	**und**	**Geig**	**und**	**Zither,**
with	flute	and	violin	and	zither

ʊnt	ˈzɪ ŋən	ʊnt	ˈʃpi: lən	da ˈbae
und	**singen**	**und**	**spielen**	**dabei.**
and	they sing	and	they play	thereby

di:	ˈklɛ ŋə	ˈʃlae çən	de:ʁ	ˈʃø:n stən
Die	**Klänge**	**schleichen**	**der**	**Schönsten**
the	sounds	steal	to the	most beautiful one

zaχt	ɪn	den	traom	hɪ ˈnaen
sacht	**in**	**den**	**Traum**	**hinein,**
softly	into	the	dream	inside

zi:	ʃaot	den	ˈblɔn dən	gə ˈli:p tən
sie	**schaut**	**den**	**blonden**	**Geliebten**
she	sees	the	blond	beloved one

ʊnt	ˈlɪ spəlt	fɛʁ ˈgɪs	nɪçt	maen
und	**lispelt:**	**"Vergiss**	**nicht**	**mein!"**
and	whispers	forget	not	me

Vergebliches Ständchen

fɛʁ 'geːp lɪ çəs   'ʃtɛnt çən
Vergebliches   **Ständchen**
in vain   serenade

'guː tən   'aː bənt   ma͡en   ʃats
Guten   **Abend,**   **mein**   **Schatz,**
good   evening   my   sweetheart

'guː tən   'aː bənt   ma͡en   kɪnt
guten   **Abend,**   **mein**   **Kind!**
good   evening   my   child

ɪç   kɔm   a͡os   liːp   tsuː   diːʁ
Ich   **komm**   **aus**   **Lieb**   **zu**   **dir,**
I   come   out of   love   for   you

aχ   maχ   miːr   a͡of   diː   tyːʁ
ach,   **mach**   **mir**   **auf**   **die**   **Tür!**
ah   make   to me   open   the   door

ma͡en   tyːʁ   ɪst   fɛʁ 'ʃlɔ sən
Mein   **Tür**   **ist**   **verschlossen,**
my   door   is   locked

ɪç   las   dɪç   nɪçt   a͡en
ich   **lass**   **dich**   **nicht**   **ein;**
I   let   you   not   in

'mʊ təʁ   diː   rɛːt   miːʁ   kluːk
Mutter,   **die**   **rät**   **mir**   **klug,**
mother   she   advises   to me   wise

vɛːrst   duː   hɛ 'ra͡en   mɪt   fuːk
wärst   **du**   **herein**   **mit**   **Fug,**
were   you   in here   with   permission

vɛːrs   mɪt   miːʁ   voːr 'ba͡e
wärs   **mit**   **mir**   **vorbei!**
would it   with   me   over

zoː   kalt   ɪst   diː   naχt
So   **kalt**   **ist**   **die**   **Nacht,**
so   cold   is   the   night

zɔ   'a͡e zɪç   deːʁ   vɪnt
so   **eisig**   **der**   **Wind,**
so   icy   the   wind

das   miːʁ   das   hɛrts   ɛʁ 'friːrt
dass   **mir**   **das**   **Herz**   **erfriert,**
that   for me   the   heart   freezes

ma͡en   liːp   ɛʁ 'lœ ʃən   vɪrt
mein   **Lieb**   **erlöschen**   **wird,**
my   love   to be extinguished   will

'œf nə   miːʁ   ma͡en   kɪnt
Öffne   **mir,**   **mein**   **Kind!**
open   to me   my   child

'lœ ʃət   da͡en   liːp
Löschet   **dein**   **Lieb,**
goes out   your   love

las   ziː   'lœ ʃən   nuːʁ
lass   **sie**   **löschen**   **nur!**
let   it   go out   just

'lœ ʃət   ziː   'ɪ məʁ tsuː
Löschet   **sie**   **immerzu,**
goes out   it   continually

geː   ha͡em   tsuː   bɛt   tsuːʁ   ruː
geh   **heim**   **zu**   **Bett,**   **zur**   **Ruh,**
go   home   to   bed   to the   rest

'guː tə   naχt   ma͡en   knaːp
Gute   **Nacht,**   **mein**   **Knab!**
good   night   my   lad

Von ewiger Liebe

fɔn 'eː vɪ gəʁ 'liː bə
Von ewiger Liebe
of eternal love

'dʊŋ kəl viː 'dʊŋ kəl ɪn valt ʊnt ɪn fɛlt
Dunkel, wie dunkel in Wald und in Feld!
dark how dark in forest and in field

'aː bənt ʃoːn ɪst ɛs nuːn 'ʃvaͤe gət diː vɛlt
Abend schon ist es, nun schweiget die Welt.
evening already is it now is quiet the world

'nɪʁ gənt nɔχ lɪçt ʊnt 'nɪʁ gənt nɔχ raͤoχ
Nirgend noch Licht und nirgend noch Rauch,
nowhere yet light and nowhere yet smoke

jaː ʊnt diː 'lɛr çə ziː 'ʃvaͤe gət nuːn aͤoχ
ja, und die Lerche sie schweiget nun auch.
yes and the lark she is quiet now also

kɔmt aͤos deːm 'dɔr fə deːʁ 'bʊr ʃə hɛ 'raͤos
Kommt aus dem Dorfe der Bursche heraus,
comes out of the village the lad forth

giːpt das gə 'laͤet deːʁ gə 'liːp tən naːχ haͤos
gibt das Geleit der Geliebten nach Haus,
he gives the escort to the beloved one to the home

fyːʁt ziː am 'vaͤe dən gə ˌbʏ ʃə foːr 'baͤe
führt sie am Weidengebüsche vorbei,
he leads her to the willow grove by

'reː dət zoː fiːl ʊnt zoː 'man çəʁ laͤe
redet so viel und so mancherlei:
he talks so much and so all sorts of

'laͤe dəst duː ʃmaːχ ʊnt bə 'tryː bəst duː dɪç
"Leidest du Schmach und betrübest du dich,
suffer you shame and grieve you yourself

'laͤe dəst duː ʃmaːχ fɔn 'an dəʁn ʊm mɪç
leidest du Schmach von andern um mich,
suffer you shame from others because of me

'veːr də diː 'liː bə gə 'trɛnt zoː gə 'ʃvɪnt
werde die Liebe getrennt so geschwind,
be the love severed as quickly

ʃnɛl viː viːʁ 'fryː əʁ fɛʁ 'aͤe niː gət zɪnt
schnell wie wir früher vereiniget sind.
fast as we earlier united were

'ʃaͤe də mɪt 'reː gən ʊnt 'ʃaͤe də mɪt vɪnt
Scheide mit Regen und scheide mit Wind,
part with rain and part with wind

ʃnɛl viː viːʁ 'fryː əʁ fɛʁ 'aͤe niː gət zɪnt
schnell wie wir früher vereiniget sind."
fast as we earlier united were

ʃprɪçt das 'mɛːk də laͤen 'mɛːk də laͤen ʃprɪçt
Spricht das Mägdelein, Mägdelein spricht:
speaks the girl girl speaks

'ʊn zə rə 'liː bə ziː 'trɛ nət zɪç nɪçt
"Unsere Liebe, sie trennet sich nicht!
our love it severs itself not

fɛst ɪst deːʁ ʃtaːl ʊnt das 'aͤe zən gaːʁ zeːʁ
Fest ist der Stahl und das Eisen gar sehr,
firm is the steel and the iron even very

'ʊn zə rə 'liː bə ɪst 'fɛ stəʁ nɔχ meːʁ
unsere Liebe ist fester noch mehr.
our love is firmer yet more

'aͤe zən ʊnt ʃtaːl man 'ʃmiː dət ziː ʊm
Eisen und Stahl, man schmiedet sie um,
iron and steel one forges them around

'ʊn zə rə 'liː bə veːʁ 'van dəlt ziː ʊm
unsere Liebe, wer wandelt sie um?
our love who changes it around

'aͤe zən ʊnt ʃtaːl ziː 'kœ nən tsɛr 'geːn
Eisen und Stahl, sie können zergehn,
iron and steel they can melt away

'ʊn zə rə 'liː bə mʊs 'eː vɪç 'eː vɪç bə 'ʃteːn
unsere Liebe muss ewig, ewig bestehn!"
our love must forever forever endure

Wie Melodien zieht es mir

vi:	me lo ˈdi ən	tsi:t	ɛs	
Wie	**Melodien**	**zieht**	**es**	
like	melodies	draws	it	

mi:ʁ	ˈlae͜ zə	dʊrç	den	zɪn
mir	**leise**	**durch**	**den**	**Sinn,**
to me	gently	through	the	consciousness

vi:	ˈfry: lɪŋs ˌblu: mən	bly:t	ɛs	
wie	**Frühlingsblumen**	**blüht**	**es**	
like	flowers of spring	blooms	it	

ʊnt	ʃve:pt	vi:	dʊft	da ˈhɪn
und	**schwebt**	**wie**	**Duft**	**dahin.**
and	hovers	like	fragrance	thither

dɔχ	kɔmt	das	vɔrt	ʊnt	fast	ɛs
Doch	**kommt**	**das**	**Wort**	**und**	**fasst**	**es**
but	comes	the	word	and	grasps	it

ʊnt	fy:rt	ɛs	fo:ʁ	das	a͡ok
und	**führt**	**es**	**vor**	**das**	**Aug,**
and	leads	it	in front of	the	eye

vi:	ˈne: bəl ˌgra͡o	ɛʁ ˈblast	ɛs	
wie	**Nebelgrau**	**erblasst**	**es**	
like	misty grey	becomes pale	it	

ʊnt	ˈʃvɪn dət	vi:	a͡en	ha͡oχ
und	**schwindet**	**wie**	**ein**	**Hauch.**
and	disappears	like	a	breath

ʊnt	ˈdɛ nɔχ	ru:t	ɪm	ˈra͡e mə
Und	**dennoch**	**ruht**	**im**	**Reime**
and	nevertheless	rests	in the	rhyme

fɛʁ ˈbɔr gən	vo:l	a͡en	dʊft	
verborgen	**wohl**	**ein**	**Duft,**	
hidden	indeed	a	fragrance	

de:n	mɪlt	a͡os	ˈʃtɪ ləm	ˈka͡e mə
den	**mild**	**aus**	**stillem**	**Keime**
that	tenderly	from the	silent	bud

a͡en	ˈfɔ͡øç təs	ˈa͡o gə	ru:ft	
ein	**feuchtes**	**Auge**	**ruft.**	
a	moist	eye	summons	

Botschaft

Georg Friedrich Daumer
(1800–1875)

Johannes Brahms
(1833–1897)

Opus 47, No. 1. Original key: B-flat minor. Composed summer, 1868. First published 1868, N. Simrock, Berlin. The 5 *Lieder und Gesänge* of Opus 47 were largely written during June and July of 1868, shortly after the premiere of *Ein deutsches Requiem*. Brahms worked extensively on Lieder that summer, both composing new songs and refining existing ones. The manuscript of "Botschaft" is dated June, 1868, at Bonn. This song became well-known immediately following its publication. The text is found in Daumer's *Hafis: Neue Sammlung perischer Gedichte* (1852), a collection of translated poetry by the Persian poet Hafiz (1319–1389). Daumer was a theologian and linguist who translated poetry from many languages into German. Brahms admired Daumer's work and set some sixty of his poems to music, bringing the poet considerable fame. While on a trip from Nuremberg to Karlsruhe, in May of 1872, Brahms stopped in Würzburg to look up the poet. He was surprised to find Daumer a small, elderly man who was completely unaware of Brahms and his songs.

Botschaft	Message
Wehe, Lüftchen, lind und lieblich	*Blow, gentle breeze, softly and sweetly*
Um die Wange der Geliebten,	*around the cheeks of my beloved;*
Spiele zart in ihrer Locke,	*play tenderly among her curls.*
Eile nicht hinweg zu fliehn!	*Be in no hurry to fly away!*
Tut sie dann vielleicht die Frage,	*If she then, perhaps, asks*
Wie es um mich Armen stehe,	*how things are going with me, poor man,*
Sprich: "Unendlich war sein Wehe,	*say "Endless was his misery,*
Höchst bedenklich seine Lage;	*most grave his condition;*
Aber jetzo kann er hoffen,	*but now he can hope*
Wieder herrlich aufzuleben,	*to be gloriously revived*
Denn du, Holde, denkst an ihn."	*because you, lovely one, are thinking of him."*

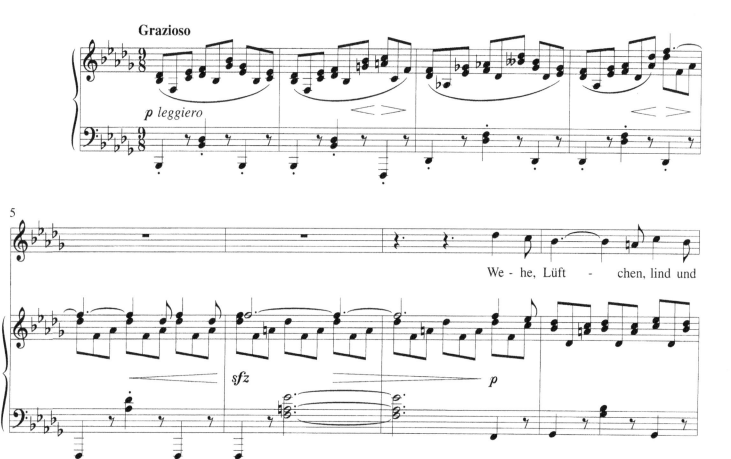

lieb - lich um — die Wan - ge der Ge - lieb - ten, spie - le zart___ in ih - rer

Loc - ke, ei - le nicht hin - weg___ zu fliehn,

ei - le nicht, ei - le nicht___ hin -

cresc.

weg___ zu fliehn!

p

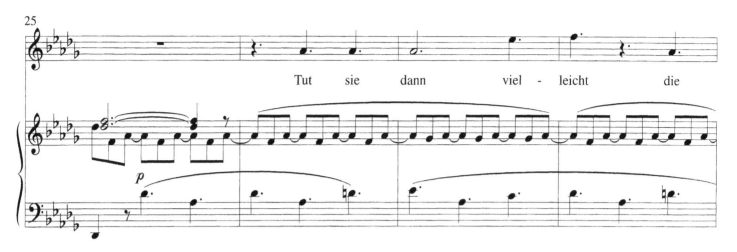

Tut sie dann viel - leicht die

Fra - ge, wie es um mich Ar -

- men ste - he, mich Ar - men ste - he,

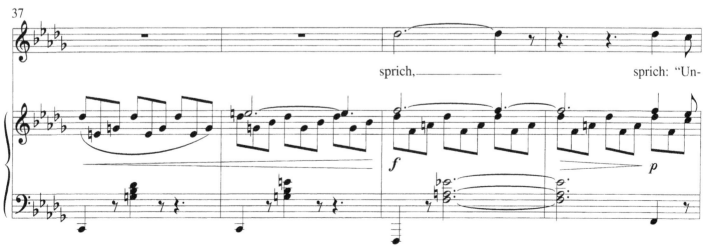

sprich,_____ sprich: "Un-

end - lich war sein We - he, höchst— be - denk - lich sei - ne

La - ge, höchst be - denk - lich sei - ne La - ge; a - ber

je - tzo kann er hof - fen, wie - der herr - lich auf - zu -

le - ben, denn du, Hol - de, denkst____ an

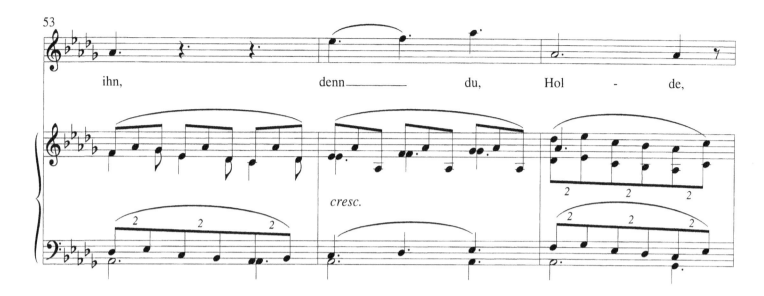

ihn,   denn————   du,   Hol - de,

cresc.

denn————   du,   Hol - de,   denkst,————

denkst   an   ihn."

f

Dein blaues Auge

Klaus Johann Groth
(1819–1899)

Johannes Brahms
(1833–1897)

Opus 59, No. 8. Original key: E-flat major. Brahms and Groth were close personal friends, and Groth's memoirs and correspondence afford insights into the composer's biography, particularly with regard to their mutual affection for the young contralto Hermine Spies. Both men were from Northern Germany where Plattdeutsch, or Low German, was the native dialect. Groth's poetry in this dialect brought him fame; however, Brahms felt those verses to be "all too personal" and favored his friend's poetry written in standard Hochdeutsch. This poem appears in the "Klänge" section of Groth's *Hundert Blätter, Paralipomena zum Quickborn* of 1854. The song was composed in 1873 and published the same year by J. Rieter-Biedermann. The mood of welcome tranquility after pain is given weight by the intensity of Brahms' harmonies and his occasional shifts to the minor mode.

Dein blaues Auge halt so still,
Ich blicke bis zum Grund.
Du fragst mich, was ich sehen will?
Ich sehe mich gesund.

Es brannte mich ein glühend Paar,
Noch schmerzt das Nachgefühl:
Das deine ist wie See so klar
Und wie ein See so kühl.

Your blue eyes hold so still;
I look into their depths.
You ask me what I want to see?
I see myself well again.

One blazing pair of eyes burned me;
the feeling from it still hurts.
Those—yours—are as clear as a lake
and, like a sea, so cool.

fragst mich, was ich se - hen will? Ich se - he mich ge - sund.

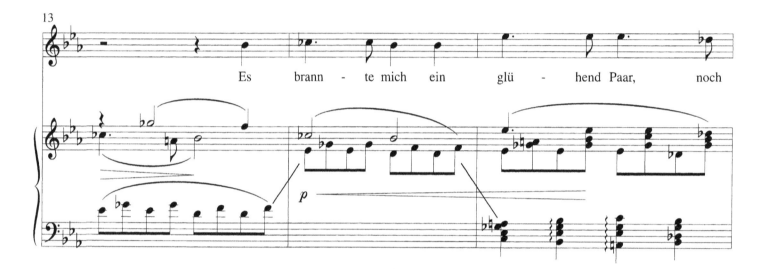

Es brann - te mich ein glü - hend Paar, noch

schmerzt, noch schmerzt das Nach - ge - fühl: das

dei - ne ist wie See so klar und

wie ein See so kühl, und wie ein See so kühl.

Die Mainacht

Ludwig Heinrich Christoph Hölty
(1748–1776)

Johannes Brahms
(1833–1897)

Opus 43, No. 2. Original key: E-flat major. Composed in 1866, this song was published by J. Rieter-Biedermann in 1868. In the expressive piano accompaniment, Brahms relies on a number of shifting rhythmic patterns yet creates a completely integrated art song through the power of harmonic language and inspired melody. This poem became known to Brahms in an 1804 edition of Hölty's works edited by Johann Heinrich Voss. Voss changed some of Hölty's original wording, and Brahms eliminated the second verse of what was a four-verse poem. Schubert and Fanny Mendelssohn Hensel also set this poem, drawn, like Brahms, to the highly Romantic depth of sentiment that belies its origins in the previous century. Hölty, a founder of the Göttinger Dichterbund, a society of young poets, died of consumption at the age of twenty-eight.

Die Mainacht

Wann der silberne Mond durch die Gesträuche blinkt
Und sein schlummerndes Licht über den Rasen streut,
Und die Nachtigall flötet,
Wandl' ich traurig von Busch zu Busch.

Überhüllet vom Laub girret ein Taubenpaar
Sein Entzücken mir vor; aber ich wende mich,
Suche dunklere Schatten,
Und die einsame Träne rinnt.

Wann, o lächelndes Bild, welches wie Morgenrot
Durch die Seele mir strahlt, find ich auf Erden dich?
Und die einsame Träne
Bebt mir heißer die Wang herab.

The May Night

When the silvery moon gleams through the shrubbery
and scatters its slumbering light over the grass,
and the nightingale warbles,
I wander sadly from bush to bush.

Shrouded by foliage, a pair of doves coo
their enchantment in front of me; but I turn away—
I seek darker shadows,
and the solitary tear falls.

When, o smiling image, which like the sunrise
beams through my soul, shall I find you on earth?
And the solitary tear
trembles more hotly down my cheek.

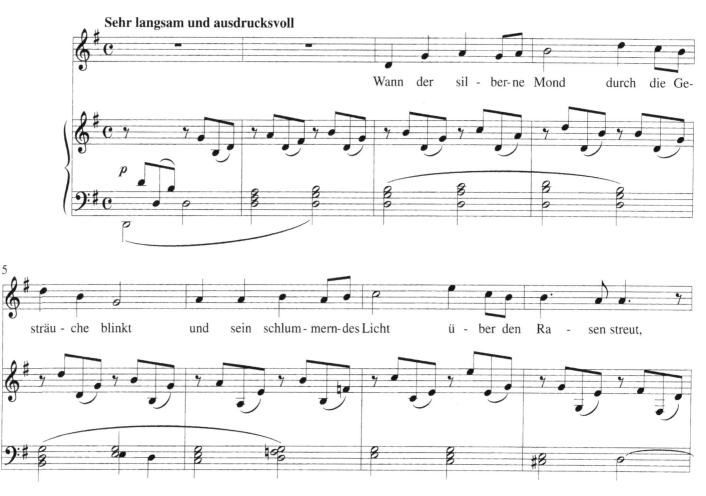

und die Nach - ti - gall flö - tet, wandl' ich trau - rig von Busch zu

Busch.

Ü - ber - hül - let vom Laub gir - ret ein

Tau - ben - paar sein Ent - züc - ken mir vor;

a - ber ich wen - de mich, su - che dunk - le - re

34

Schat - ten, und die ein - sa - me

espr.

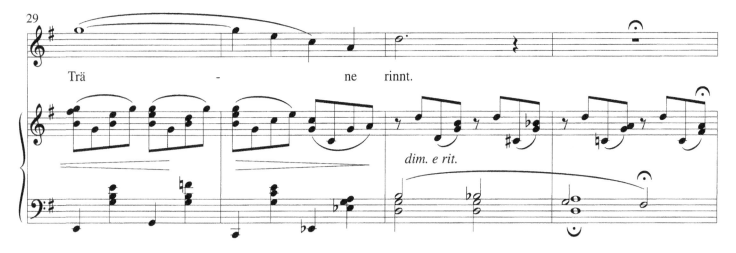

Trä - ne rinnt.

dim. e rit.

Wann, o lä - cheln-des Bild, wel - ches wie Mor - gen - rot

a tempo

durch die See - le mir strahlt, find ich auf Er - den dich?

35

Immer leiser wird mein Schlummer

Hermann von Lingg
(1820–1905)

Johannes Brahms
(1833–1897)

Opus 105, No. 2. Original key: C-sharp minor/D-flat major. "The poem of the dying girl by H. Lingg and your setting of it thrilled me...I am not ashamed to confess that I could not finish playing it for my tears." So wrote Brahms' friend Theodor Billroth after receiving this song. The work was composed in 1886 and published in 1889 by N. Simrock. The author Lingg wrote unsuccessful large-scale dramas and epics; he was known for his short poems. This one was published in his *Gedichte* of 1855.

Immer leiser wird mein Schlummer	*Ever lighter becomes my slumber*
Immer leiser wird mein Schlummer,	*Ever lighter becomes my slumber;*
Nur wie Schleier liegt mein Kummer,	*like a veil lies my sorrow,*
Zitternd über mir.	*trembling over me.*
Oft im Traume hör ich dich	*Often in my dreams I hear you*
Rufen draus vor meiner Tür,	*calling outside my door.*
Niemand wacht und öffnet dir,	*No one wakes and opens for you;*
Ich erwach und weine bitterlich.	*I wake up and weep bitterly.*
Ja, ich werde sterben müssen,	*Yes, I shall have to die;*
Eine andre wirst du küssen,	*you will kiss another*
Wenn ich bleich und kalt.	*when I am pale and cold.*
Eh die Maienlüfte wehn,	*Before the May breezes blow,*
Eh die Drossel singt im Wald:	*before the thrush sings in the wood,*
Willst du mich noch einmal sehn,	*if you want to see me once more,*
Komm, o komme bald!	*come—o come soon!*

über mir._____ Oft im Trau - me hör ich

dich ru - fen draus vor mei - ner Tür, nie - mand

wacht und öff - net dir, ich er -

wach und wei - ne bit - ter - lich, wei - ne bit - ter -

lich.   Ja, ich

wer - de ster - ben müs - sen,   ei - ne an - dre wirst du

küs - sen,   wenn ich bleich und kalt,_____ bleich_____ und

kalt._____   Eh die Mai - en - lüf - te wehn,   eh die

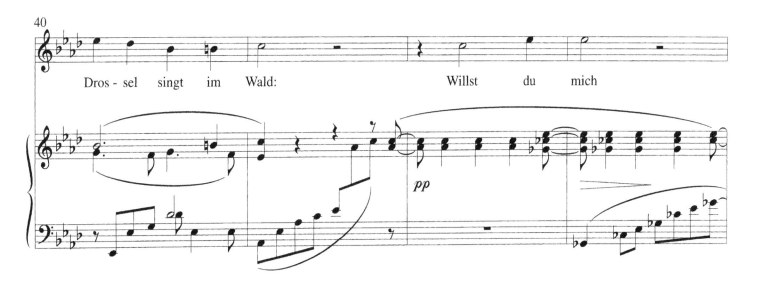

Dros - sel singt im Wald: Willst du mich

noch ein - mal sehn, komm, o kom - me

poco cresc.

bald, komm, o kom - me bald!

Meine Liebe ist grün

Felix Schumann
(1854–1879)

Johannes Brahms
(1833–1897)

Opus 63, No. 5. Original key: F-sharp major. This song and its companion piece, Op. 63, No. 6 ("Wenn um den Holunder"), are sometimes grouped as the *Junge Lieder*. Brahms subtitled them "Junge Lieder I" and "Junge Lieder II" when he composed them in 1873. Both are settings of unpublished poems by the eighteen-year-old Felix Schumann, the son of Robert and Clara Wieck Schumann, namesake of Felix Mendelssohn, and Brahms' godchild. Brahms, though more than twice the poet's age, matched the transports of youthful love found in the poem with his own impassioned music. The song was published in 1874 by Peters. At the time Brahms composed the music, Felix Schumann was already ailing from the tuberculosis that would bring about his early death.

Meine Liebe ist grün wie der Fliederbusch,	My love is verdant like the lilac bush,
Und mein Lieb ist schön wie die Sonne;	and my loved one is beautiful like the sun
Die glänzt wohl herab auf den Fliederbusch	which shines down on the lilac bush
Und füllt ihn mit Duft und mit Wonne.	and fills it with fragrance and with rapture.
Meine Seele hat Schwingen der Nachtigall	My soul has the wings of the nightingale;
Und wiegt sich in blühendem Flieder,	and it sways gently among the blossoming lilac
Und jauchzet und singet vom Duft berauscht	and rejoices and sings—drunk with the fragrance—
Viel liebestrunkene Lieder.	many love-intoxicated songs.

Son - ne, mein Lieb ist schön wie die Son - ne; die

glänzt wohl her-ab auf den Flie - der-busch und füllt ihn mit Duft und mit

Won - ne, und füllt ihn mit Duft___ und mit

Won - ne.

poco ten.

Mei- ne See - le hat Schwin - gen der Nach - ti -

gall und wiegt sich in blü - hen- dem Flie - der, und

wiegt sich in blü - hen- dem Flie - der, und jauch- zet und sin - get vom

Duft be - rauscht viel lie - bes - trun - ke - ne Lie - der, viel

lie - bes - trun - ke - ne Lie -

der.

Mondnacht

Joseph Karl Benedikt von Eichendorff
(1788–1857)

Johannes Brahms
(1833–1897)

Original key: A-flat major. Composed 1853. First published 1854, G. H. Wigand, Göttingen. Brahms wrote "Mondnacht" as a young man of twenty. While it was long believed that the song was not published until 1872, more recent research reveals 1854 as the date of publication. In either case, the song appeared without an Opus number. The text is found in Eichendorff's *Gedichte* (1837). "Mondnacht" appeared in Robert Schumann's Opus 39 song cycle *Liederkreis*, composed in 1840. Schumann changed the words "nun träumen musst" to "nur träumen musst." Brahms incorporated those same changes, additionally changing Eichendorff's "Lande" to "Räume." Eichendorff, sometimes called "the last champion of romanticism," was born into aristocracy. After fighting against Napoleon in the military, he held a government position in Danzig, then worked for the Ministry of Culture in Berlin. After 1844 he devoted his life to writing, criticism and literary history. Eichendorff's lyric poetry was set to music by many lieder composers, including Mendelssohn, Schumann, Brahms, Wolf and Richard Strauss.

Mondnacht

Es war, als hätt der Himmel
Die Erde still geküsst,
Dass sie im Blütenschimmer
Von ihm nur träumen müsst.

Die Luft ging durch die Felder,
Die Ähren wogten sacht,
Es rauschten leis die Wälder,
So sternklar war die Nacht.

Und meine Seele spannte
Weit ihre Flügel aus,
Flog durch die stillen Räume,
Als flöge sie nach Haus.

Moonlit Night

It was as though heaven
had quietly kissed the earth
so that it, in blossoming luster,
must dream only heavenly dreams.

The breeze blew through the fields;
the corn stalks swayed gently;
the forests rustled softly,
so starbright was the night.

And my soul spread
wide its wings, and
took flight through the quiet expanses
as though it were flying home.

war,___ als hätt___ der Him - mel die Er - de still ge -
Luft___ ging durch___ die Fel - der, die Äh - ren wog - ten

küsst, dass sie___ im Blü - ten-schim - mer von
sacht, es rausch - ten leis___ die Wäl - der, so

ihm nur träu - men müsst, nur
stern - klar war___ die Nacht, so

legato il basso

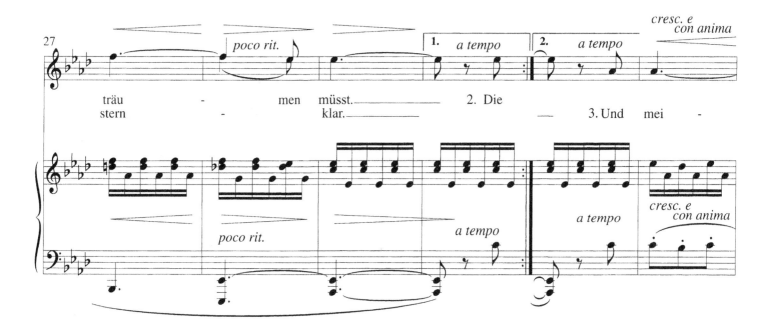

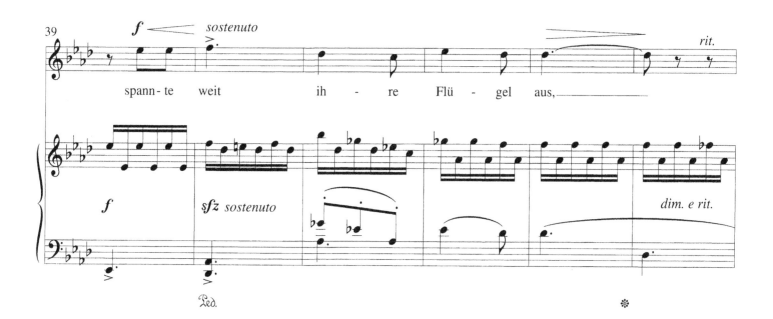

flog durch die stil - len Räu - me, als

flö - ge sie nach Haus, _____ nach

Haus, _____ als flö -

ge sie nach Haus.

O liebliche Wangen

Paul Fleming
(1609–1640)

Johannes Brahms
(1833–1897)

Opus 47, No. 4. Original key: D major. Composed 1868, shortly after the premiere of *Ein deutsches Requiem*. First published 1868, N. Simrock, Berlin. The text for "O liebliche Wangen" is found in Fleming's *Geistliche und weltliche Poemata* (published posthumously in 1660). The poem was written to an Italian air. Fleming was a principal poet and hymn writer of his era. He traveled extensively in embassy service, first in Moscow, and later in Ispahan, returning to Hamburg the year before his death.

O liebliche Wangen, ihr macht mir Verlangen,
Dies rote, dies weiße, zu schauen mit Fleiße.
Und dies nur alleine ists nicht, was ich meine;
Zu schauen, zu grüßen, zu rühren, zu küssen,
Ihr macht mir Verlangen, o liebliche Wangen!

O lovely cheeks, you create desire in me
to gaze intently upon that red, that white;
and it's not that alone, what I mean—
to gaze, to greet, to touch, to kiss!
You create desire in me, O lovely cheeks!

O Sonne der Wonne! O Wonne der Sonne!
O Augen, so saugen das Licht meiner Augen.
O englische Sinnen! O himmlisch Beginnen!
O Himmel auf Erden! magst du mir nicht werden,
O Wonne der Sonne, o Sonne der Wonne!

O sun of delight! O delight of the sun!
O eyes, that drink in the light of my eyes.
O angelic thoughts! O heavenly beginning!
O heaven on earth! Won't you be mine,
O delight of the sun, O sun of delight?

O Schönste der Schönen! benimm mir dies Sehnen.
Komm, eile, komm, komme, du süße, du fromme;
Ach Schwester, ich sterbe, ich sterb, ich verderbe,
Benimm mir dies Sehnen, o Schönste der Schönen!

O fairest of the fair! Appease this longing.
Come, hurry—come, come, you sweet pure one!
Ah, sister, I'm dying, I'm dying; I perish.
Appease my longing, O fairest of the fair!

3. O Schön - ste der Schö - nen! be - nimm mir dies Seh - nen. Komm,

ei - le, komm, kom - me, du sü - ße, du from - me; ach Schwe - ster, ich

ster - be, ich sterb, ich ver - der - be, komm, kom- me, komm ei - le, komm

komme, komm eile, be - nimm mir dies Sehnen, o Schön - ste der

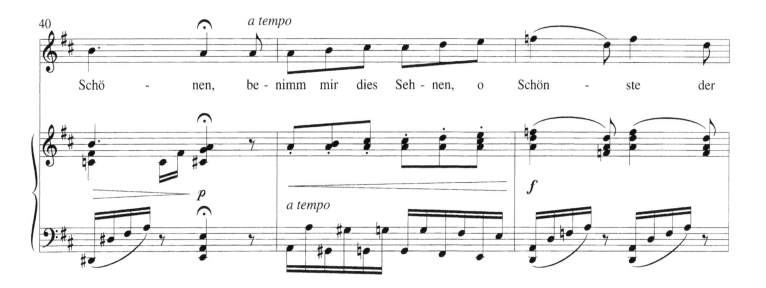

Schö - nen, be - nimm mir dies Seh - nen, o Schön - ste der

Schö - nen, der Schö - nen!

O wüsst ich doch den Weg zurück

Klaus Johann Groth
(1819–1899)

Johannes Brahms
(1833–1897)

Opus 63, No. 8. Original key: E major. Composed 1874. First published 1874, Peters, Leipzig. The 9 *Lieder und Gesänge* of Opus 63 were written about the same time as the Opus 52a *Liebeslieder* waltzes for piano duet, and the Opus 65 *Neue Liebeslieder* waltzes for vocal quartet and piano duet. Brahms wrote more than 30 songs between 1871 and 1874. Although "O wüsst ich doch den Weg zurück" is written in standard Hochdeutsch, or High German, much of Groth's fame came from the use of his native Plattdeutsch, or Low German, dialect. Groth's Low German poetry brought a new level of respect to speakers of the dialect. Brahms, also a native of northern Germany, set only Groth's High German poetry to music, calling the Low German poetry "all too personal." Low German was Brahms' native dialect and the language spoken by his father. Brahms and Groth were good friends.

O wüsst ich doch den Weg zurück,	Oh, if only I knew the way back,
Den lieben Weg zum Kinderland!	the delightful way to the land of childhood!
O warum sucht ich nach dem Glück	Oh, why did I seek after fortune
Und ließ der Mutter Hand?	and let go my mother's hand?
O wie mich sehnet auszuruhn,	Oh, how I long to rest
Von keinem Streben aufgeweckt,	undisturbed by any aspiration—
Die müden Augen zuzutun,	to close my tired eyes,
Von Liebe sanft bedeckt!	gently sheltered by love!
Und nichts zu forschen, nichts zu spähn,	And to seek nothing, to look for nothing,
Und nur zu träumen leicht und lind,	and only to dream, lightly and softly—
Der Zeiten Wandel nicht zu sehn,	not to notice the change of seasons…
Zum zweiten Mal ein Kind!	for the second time, to be a child!
O zeigt mir doch den Weg zurück,	Oh, do show me the way back,
Den lieben Weg zum Kinderland!	the delightful way to the land of childhood!
Vergebens such ich nach dem Glück,	In vain do I seek after fortune…
Ringsum ist öder Strand!	all around is a desolate shore!

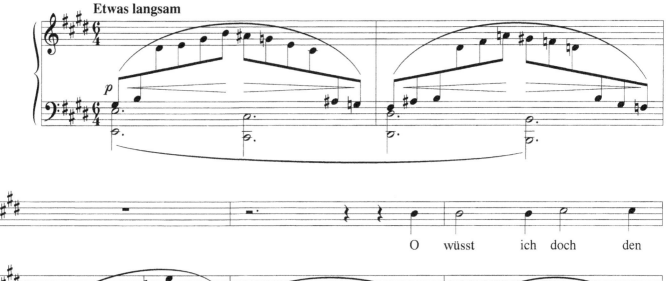

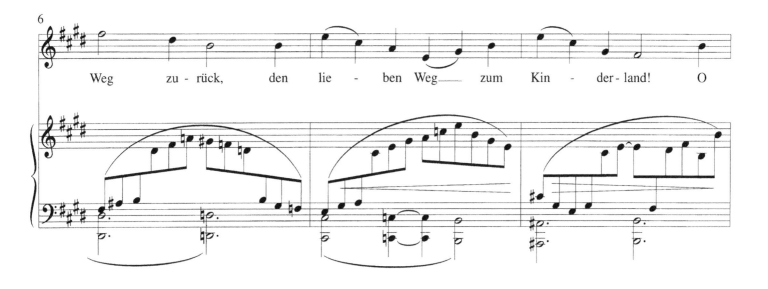

Weg zu - rück, den lie - ben Weg zum Kin - der - land! O

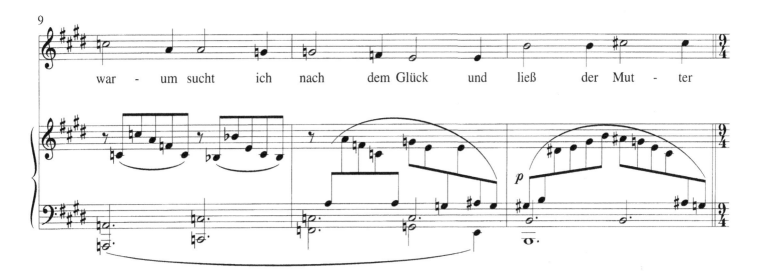

war - um sucht ich nach dem Glück und ließ der Mut - ter

Hand, der Mut - ter Hand?

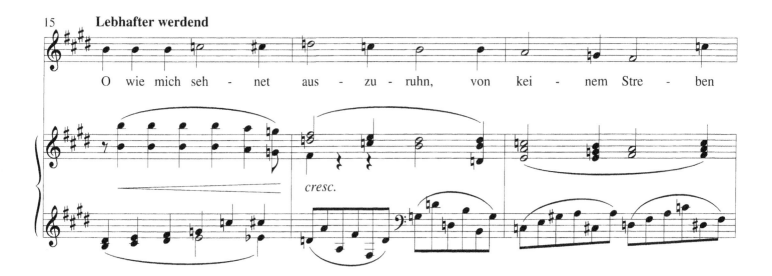

Lebhafter werdend

O wie mich seh - net aus - zu - ruhn, von kei - nem Stre - ben

cresc.

auf - ge - weckt, die mü - den Au - gen zu - zu - tun, von

Lie - be sanft___ be - deckt, von Lie - be sanft be -

deckt! Und nichts zu for - schen, nichts zu spähn, und

nur___ zu träu - men leicht___ und lind, der Zei - ten Wan - del

nicht zu sehn, zum zwei - ten Mal___ ein Kind, zum

zwei - ten Mal ein Kind! O

zeigt mir doch den Weg zu - rück, den lie - ben Weg___ zum

Kin - der - land! Ver - ge - bens such ich nach dem Glück, rings -

um ist ö - der Strand, ö - der Strand!

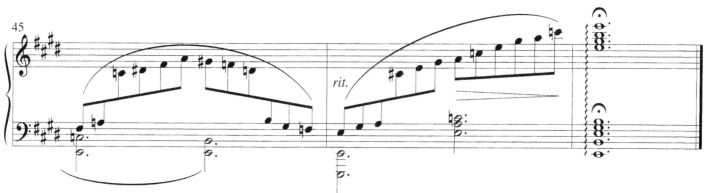

Feldeinsamkeit

Hermann Allmers
(1821–1902)

Johannes Brahms
(1833–1897)

Opus 86, No. 2. Original key: F major. Composed 1879. First published 1882, N. Simrock, Berlin. The 6 songs of Opus 86 were originally written for low voice. Although not published until 1882, Brahms' friends had heard many of the Opus 86 songs as early as 1878. Brahms hired Karl Reinthaler, the singer and music director, to present "Feldeinsamkeit" to the poet Allmers. Allmers had imagined the song quite differently and, upon hearing it, announced that he found it "too affected and pretentious." The artist Max Klinger sketched a beautiful illustration for the first publications of "Feldeinsamkeit." The words of the song are from Allmers' *Dichtungen* (1860).

Feldeinsamkeit	Solitude in the Field
Ich ruhe still im hohen grünen Gras	*I rest quietly in the tall green grass*
Und sende lange meinen Blick nach oben,	*and gaze a long while upwards,*
Von Grillen rings umschwirrt ohn Unterlass,	*surrounded by the ceaseless chirping of crickets,*
Von Himmelsbläue wundersam umwoben.	*wondrously afloat in the azure of the sky.*
Die schönen weißen Wolken ziehn dahin	*The beautiful white clouds drift by*
Durchs tiefe Blau, wie schöne stille Träume;	*through the deep blue like beautiful quiet dreams;*
Mir ist, als ob ich längst gestorben bin	*I feel as though I have long been dead*
Und ziehe selig mit durch ewge Räume.	*and am drifting blissfully with them through eternal spaces.*

von Gril - len rings um-schwirrt ohn Un - ter - lass, von

Him - mels-bläu - e wun-der-sam um-wo - ben, von Him - mels - bläu - e

wun - der - sam um-wo - ben.

Die schö - nen wei - ßen Wol - ken ziehn da-hin durchs

tie - fe Blau, wie schö - ne stil - le Träu - me, wie

schö - ne stil - le Träu - me; mir ist, als ob ich

längst ge-stor-ben bin und zie - he se - lig mit durch ew-ge Räu - me, und

zie - he se - lig mit durch ew-ge Räu - me.

Sonntag

Anonymous Folksong Text

Johannes Brahms
(1833–1897)

Opus 47, No. 2. Original key: F major. This folksong text appeared in *Alte hoch-un nieder-deutsche Volkslieder* (1844), edited by Ludwig Uhland. Brahms revered folksong as the purest manifestation of the song ideal. He composed many simple folksong-like original melodies to anonymous texts, such as this strophic lied. Though its date is unclear, "Sonntag" was composed no later than 1860; it was not published until 1868 by Simrock. For the first publication, Brahms left out the repeated final line of each strophe, restoring it in later editions. In addition to composed melodies to folk texts, Brahms also made many settings of German folksongs. Scholarship of folk music and poetry was not sophisticated at the time. Many of the songs and texts that Brahms accepted as folk were later proven to be credited compositions. He seemed completely unprovoked by these revelations. Authenticity was not generally a 19th-century value.

Sonntag	Sunday
So hab ich doch die ganze Woche	*Though I haven't for the whole week long*
Mein feines Liebchen nicht gesehn,	*seen my pretty sweetheart,*
Ich sah es an einem Sonntag	*I saw her on a Sunday*
Wohl vor der Türe stehn:	*standing at the door.*
Das tausendschöne Jungfräulein,	*The thousandfold beautiful maiden,*
Das tausendschöne Herzelein,	*the thousandfold beautiful darling—*
Wollte Gott, ich wär heute bei ihr!	*would to God I were with her today!*
So will mir doch die ganze Woche	*So, for the whole week long,*
Das Lachen nicht vergehn,	*my joy will not cease;*
Ich sah es an einem Sonntag	*I saw her on a Sunday*
Wohl in die Kirche gehn:	*going into church.*
Das tausendschöne Jungfräulein,	*The thousandfold beautiful maiden,*
Das tausendschöne Herzelein,	*the thousandfold beautiful darling—*
Wollte Gott, ich wär heute bei ihr!	*would to God I were with her today!*

Ständchen

Franz Kugler
(1808–1858)

Johannes Brahms
(1833–1897)

Opus 106, No. 1. Original key: G major. Composed 1888. First published 1889, N. Simrock, Berlin. The five lieder of Opus 106 were written at about the same time as the Concerto for Violin, Cello and Orchestra in A minor, Opus 102. The text of "Ständchen" is found in one of Brahms' favorite books, Kugler's *Skizzenbuch*, (1830). Kugler, who added illustrations and some of his own compositions to *Skizzenbuch*, served for many years as the head of the Prussian government department of art. He wrote the famous student song "An der Saale hellem Strande."

Ständchen	Serenade
Der Mond steht über dem Berge,	*The moon is above the mountain,*
So recht für verliebte Leut;	*just right for people in love.*
Im Garten rieselt ein Brunnen,	*In the garden trickles a fountain;*
Sonst Stille weit und breit.	*otherwise, silence is far and wide.*
Neben der Mauer im Schatten,	*By the wall in the shadows*
Da stehn der Studenten drei	*there stand three students*
Mit Flöt und Geig und Zither,	*with flute and fiddle and zither;*
Und singen und spielen dabei.	*And they're singing and playing to their singing.*
Die Klänge schleichen der Schönsten	*The sounds steal softly into the*
Sacht in den Traum hinein,	*most beautiful girl's dream;*
Sie schaut den blonden Geliebten	*she sees her blond sweetheart*
Und lispelt: "Vergiss nicht mein!"	*and whispers, "Forget me not!"*

Allegretto grazioso

Der Mond steht ü - ber dem Ber - ge, so recht für ver - lieb - te Leut;

im Gar - ten rie - selt ein Brun - nen, sonst Stil - le

weit_____ und__ breit.

Ne - ben der Mau - er im

Schat - ten, da stehn__ der Stu - den - ten drei mit

Flöt___ und Geig___ und Zi - ther, und sin - gen und spie - len da-

bei,_____ sin - gen und spie - len da-

bei.

Die

Klän - ge schlei - chen der Schön - sten sacht in den Traum hin - ein,_____

dolce

sie schaut den blon - den Ge - lieb - ten und lis - pelt: "Ver-

pp

giss_____ nicht_ mein!"

p

Vergebliches Ständchen

Anton Wilhelm Florentin von Zuccalmaglio
(1803–1869)

Johannes Brahms
(1833–1897)

Opus 84, No. 4. Original key: A major. "For this one song I would sacrifice all the others," wrote Brahms in reply to the praise Eduard Hanslick bestowed upon this work. Brahms was in admittedly high spirits and saw in this exchange between a would-be suitor and haughty maiden many of the traits he admired: a deftly executed folk-like quality, a vibrant melody and active bass line, and not overly subtle humor. Completed in 1882 and published by N. Simrock the same year, the poem comes from Zuccalmaglio's 1840 collection *Deutsche Volkslieder*, which contains folk material vastly remodeled by the compiler. Brahms, it appears, believed this was true folk poetry, when in fact, all but a few lines were written by Zuccalmaglio.

Vergebliches Ständchen

(Er)
Guten Abend, mein Schatz,
Guten Abend, mein Kind!
Ich komm aus Lieb zu dir,
Ach, mach mir auf die Tür!

(Sie)
Mein Tür ist verschlossen,
Ich lass dich nicht ein;
Mutter, die rät mir klug,
Wärst du herein mit Fug,
Wärs mit mir vorbei!

(Er)
So kalt ist die Nacht,
So eisig der Wind,
Dass mir das Herz erfriert,
Mein Lieb erlöschen wird,
Öffne mir, mein Kind!

(Sie)
Löschet dein Lieb,
Lass sie löschen nur!
Löschet sie immerzu,
Geh heim zu Bett, zur Ruh,
Gute Nacht, mein Knab!

Futile Serenade

(He)
Good evening, my darling,
good evening, my dear!
I'm here out of love for you;
ah, open the door for me!

(She)
My door is locked;
I will not let you in.
Mother counseled me wisely
that if you were permitted to come in
it would be all over for me!

(He)
So cold is the night,
so icy the wind,
that my heart is freezing;
my love will be extinguished.
Open for me, my dear!

(She)
If your love is being extinguished,
just let it go out!
If it keeps going out,
go home to bed, to sleep!
Good night, my lad!

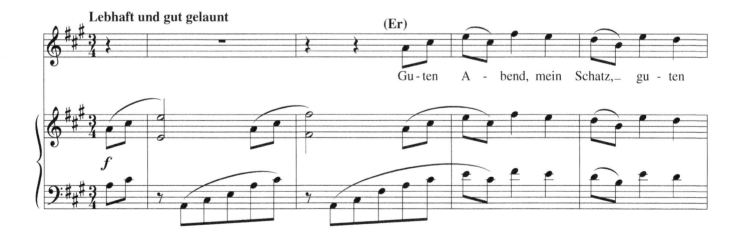

A - bend, mein Kind, gu - ten A - bend, mein Kind!

Ich komm aus Lieb zu dir, ach, mach mir auf die Tür, mach mir auf die Tür,

mach mir auf, mach mir auf, mach mir auf die Tür!

(Sie)

Mein Tür ist ver - schlos - sen, ich lass dich nicht ein,

ich lass dich nicht ein; Mut - ter, die

rät mir klug, wärst du her - ein mit Fug, wärs mit mir vor - bei,

wärs mit mir, wärs mit mir, wärs mit mir vor - bei!

So— kalt— ist die Nacht,— so ei - sig der Wind,

so ei - sig der Wind, dass mir das

Herz er - friert, mein Lieb er - lö - schen— wird, öff - ne mir, mein Kind,

öff - ne mir, öff - ne mir, öff - ne mir,— mein Kind!

Lebhafter

Sapphische Ode

Hans Schmidt
(1856–1923)

Johannes Brahms
(1833–1897)

Opus 94, No. 4. Original key: D major. Composed 1884. First published 1884, N. Simrock, Berlin. The *5 Lieder* of Opus 94 were completed shortly before the Symphony No. 4. Brahms presented the manuscript of "Sapphische Ode" to Max Kalbeck, the Austrian music critic, writer and translator. The text is found in Schmidt's *Gedichte und Übersetzungen* (1884) under the title "Gereimte sapphische Ode." Schmidt, a poet and musician, was employed as a tutor for the children of the violinist Josef Joachim, Brahms' friend.

Sapphische Ode

Rosen brach ich nachts mir am dunklen Hage;
Süßer hauchten Duft sie, als je am Tage,
Doch verstreuten reich die bewegten Äste
Tau, der mich nässte.

Auch der Küsse Duft mich wie nie berückte,
Die ich nachts vom Strauch deiner Lippen pflückte:
Doch auch dir, bewegt im Gemüt gleich jenen,
Tauten die Tränen!

Sapphic Ode

Roses I plucked by night from the dark hedge;
they breathed sweeter fragrance than ever by day.
Yet the shaken boughs abundantly shed
dew which showered upon me.

Likewise enticed me, as never before, the fragrance of the kisses
which I gathered by night from the rosebud of your lips:
yet also upon you, shaken in spirit like them,
fell the dew of tears!

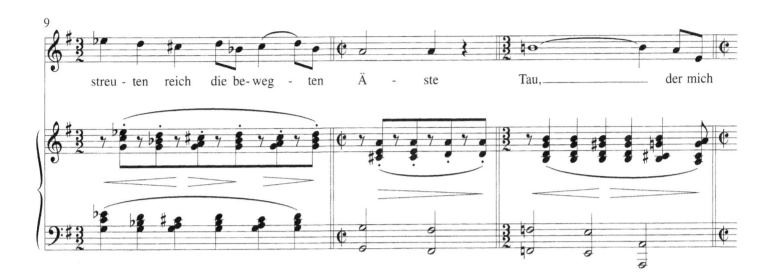

streu - ten reich die be - weg - ten Ä - ste Tau,_____ der mich

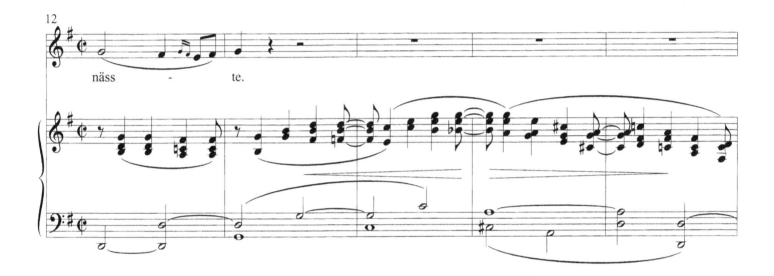

näss - te.

Auch der Küs - se Duft mich wie nie be - rück - te, die ich nachts vom

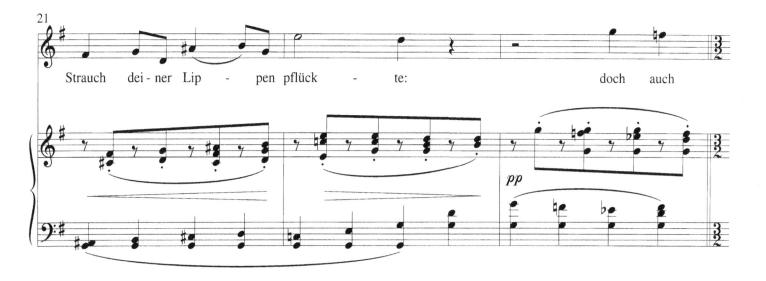

Strauch dei - ner Lip - pen pflück - te: doch auch

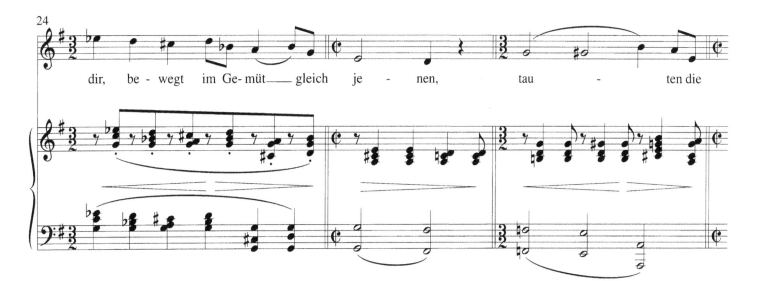

dir, be - wegt im Ge - müt____ gleich je - nen, tau - ten die

Trä - nen!

Von ewiger Liebe

Joseph Wenzig
(1807–1876)

Johannes Brahms
(1833–1897)

Opus 43, No. 1. Original key: B minor/B major. Composed 1864. First published 1868, J. Rieter-Biedermann, Leipzig und Winterthur. The 4 *Gesänge* of Opus 43 were published for low voice in 1868, for high voice in 1876. 1864 was the year Brahms and Wagner met. Despite their amiable meeting, Wagner later became outspokenly critical of Brahms' work. They never saw one other again. Joseph Wenzig was a founder of the Czech nationalist movement in Bohemia. He translated many Czech literary works into German. "Von ewiger Liebe," a translation of a Wendish (the Wends are a Slavic people of eastern Germany) folk-poem, does not appear in published collections of Wenzig's works.

Von ewiger Liebe

Dunkel, wie dunkel in Wald und in Feld!
Abend schon ist es, nun schweiget die Welt.
Nirgend noch Licht und nirgend noch Rauch,
Ja, und die Lerche sie schweiget nun auch.
Kommt aus dem Dorfe der Bursche heraus,
Gibt das Geleit der Geliebten nach Haus,
Führt sie am Weidengebüsche vorbei,
Redet so viel und so mancherlei:

"Leidest du Schmach und betrübest du dich,
Leidest du Schmach von andern um mich,
Werde die Liebe getrennt so geschwind,
Schnell wie wir früher vereiniget sind.
Scheide mit Regen und scheide mit Wind,
Schnell wie wir früher vereiniget sind."

Spricht das Mägdelein, Mägdelein spricht:
"Unsere Liebe, sie trennet sich nicht!
Fest ist der Stahl und das Eisen gar sehr,
Unsere Liebe ist fester noch mehr.
Eisen und Stahl, man schmiedet sie um,
Unsere Liebe, wer wandelt sie um?
Eisen und Stahl, sie können zergehn,
Unsere Liebe muss ewig, ewig bestehn!"

Of Eternal Love

Dark, how dark in forest and in field!
It is evening already; now the world is quiet.
Nowhere light anymore, and nowhere [chimney] smoke anymore—
yes, even the lark is quiet now.
Forth from the village comes the lad;
he is escorting his sweetheart home.
He leads her by the willow grove;
he talks so much and about so many things:

"If you are suffering from shame, and troubled—
suffering from shame in the face of others because of me,
let our love be severed as suddenly,
as quickly, as we were once united.
May it depart with the rain and depart with the wind,
as quickly as we were once united."

Says the girl—the girl speaks:
"Our love—it shall not be severed!
Steel is strong, and iron even more so;
our love is stronger yet.
Iron and steel—one can re-forge them;
our love—who can change it?
Iron and steel—they can be melted;
our love must be forever, ever steadfast!"

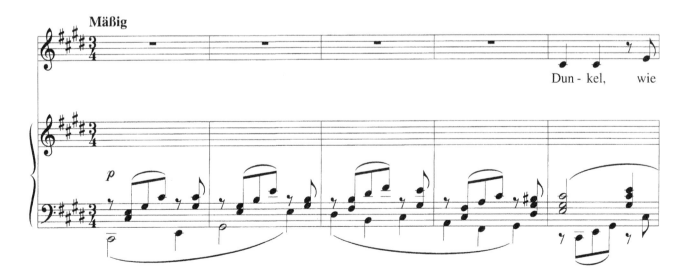

dun - kel in Wald und in Feld! A - bend schon ist es, nun

schwei - get die Welt. Nir - gend noch Licht und

nir - gend noch Rauch, ja, und die Ler - che sie schwei - get nun

auch. Kommt aus dem Dor - fe der

Bur - sche her - aus, gibt das Ge - leit der Ge - lieb - ten nach

Haus, führt sie am Wei - den-ge - bü - sche vor - bei,

re - det so viel und so man - cher - lei:

"Lei - dest du Schmach und be - trü - best du dich,

49 lei - dest du Schmach von an - dern um mich, wer - de die

poco più **f**

54 Lie - be ge - trennt__ so__ ge - schwind, schnell wie wir frü - her ver -

59 ei - ni - get sind. Schei - de mit Re - gen und schei - de__ mit__

sempre più **f** *e poco string.*

64 Wind, schnell wie wir frü - her ver - ei - ni - get sind."

f   **f**

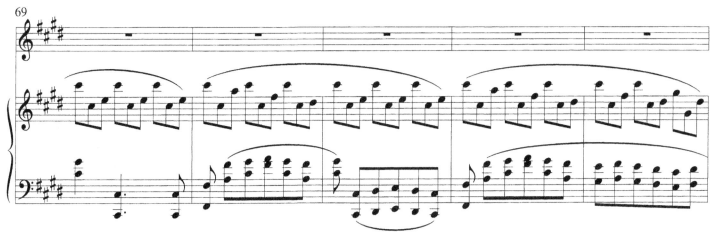

dim. e rit. poco a poco

Ziemlich langsam

Spricht das Mäg - de - lein, Mäg - de - lein spricht: "Un - se - re

dolce

pp

Lie - be, sie tren - net sich nicht! Fest____ ist der Stahl und das

un poco animato e

un poco animato e

89

Ei - sen gar sehr, un - se - re Lie - be ist fe - ster noch

94

mehr.

99

Ei - sen und Stahl, man schmie - det sie um, un - se - re

104

Lie - be, wer wan - delt sie um? Ei - sen und

p

108 *un poco animato e cresc.*

Stahl, sie kön - nen zer - gehn, un - se - re

un poco animato e cresc.

112

Lie - be, un - se - re Lie - be muss e - wig, e - wig be-

f

117

stehn!"

f

rit. molto

p

(This page left blank to facilitate page turns.)

Wie Melodien zieht es mir

Klaus Johann Groth
(1819–1899)

Johannes Brahms
(1833–1897)

Opus 105, No. 1. Original key: A major. In this poem by Brahms' good friend Groth we find the contemplation of both poetic inspiration and what occurs when that aura of an idea must be solidified in words. The song was composed in August of 1886 while Brahms was vacationing in Switzerland, often in the company of the young contralto, Hermine Spies, who inspired the piece. The opening of the main theme appears also in the first movement of Brahms' Violin Sonata in A major. The song was published by N. Simrock in 1889. Groth's poem is found in his *Hundert Blätter, Paralipomena zum Quickborn* of 1854. It is in standard Hochdeutsche [High German], although Groth's reputation rested largely on his Plattdeutsche [Low German] poetry, the native dialect he and Brahms shared.

Wie Melodien zieht es	*Like melodies it pervades*
Mir leise durch den Sinn,	*my senses softly.*
Wie Frühlingsblumen blüht es	*Like spring flowers it blooms*
Und schwebt wie Duft dahin.	*and drifts along like fragrance.*
Doch kommt das Wort und fasst es	*But when a word comes and grasps it*
Und führt es vor das Aug,	*and brings it before the eye,*
Wie Nebelgrau erblasst es	*like gray mist it fades*
Und schwindet wie ein Hauch.	*and vanishes like a breath.*
Und dennoch ruht im Reime	*And yet there remains in the rhyme*
Verborgen wohl ein Duft,	*a certain hidden fragrance,*
Den mild aus stillem Keime	*which gently, from the dormant bud,*
Ein feuchtes Auge ruft.	*a tearful eye evokes.*

ruht___ im___ Rei - me ver - bor - gen wohl ein Duft, den mild aus stil - lem

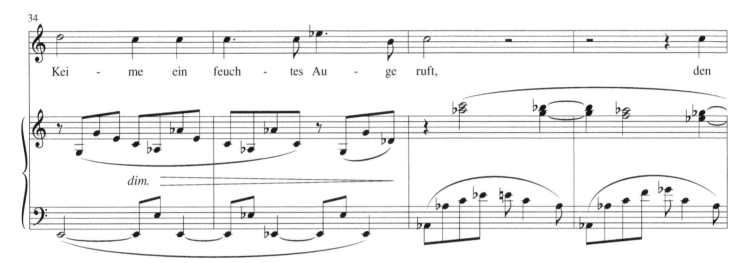

Kei - me ein feuch - tes Au - ge ruft, den

mild aus stil - lem Kei - me ein feuch - tes, ein feuch - tes___

Au - ge ruft.